皆川萌子 ● 著

ガバナンス時代の
国連改革と国際公務員

萌書房

目　　次

主要略語一覧

序　論　3

第1章　ガバナンスが求めた国連の機構改革 …………………… 9

1-1　国連に対する改革の要求 ………………………………… 9
▶グローバル・ガバナンスのアクターとしての国連　9
▶複数性の重視　13
▶国連改革議論の背景とプロセス　17

1-2　事務局の組織運営 ………………………………………… 21
▶事務局の機能　21
　財政の管理(22)／人的資源の管理(25)／専門性(27)／職階制の原則(27)
▶職員の構成　28
▶国連職員の独立性　30

1-3　着手された事務局の組織改革 …………………………… 33
▶事務総長のイニシアチブによる組織改革　33
▶求められる専門性　33
▶流動性の強化，不安定な雇用の増大　36
▶新公共管理（NPM）の影響　39

第2章　日本から国連への両義的アプローチ ………………… 49

2-1　対国連外交のあゆみ……………………………………………… 49
- ▶国連加盟から，人間の安全保障の担い手になるまで　49
- ▶財政的貢献　53
- ▶国連改革をめぐる日本の主張　55

2-2　国内行政の国際化…………………………………………………… 57
- ▶国際的業務を担う外務省　57
- ▶行政機関に広がる渉外型業務　60
- ▶市民団体の奨励　62

2-3　国連人事制度への働きかけ………………………………………… 65
- ▶国連外交における人事の重要性　65
- ▶日本人職員を増やすための制度　67
- ▶国連機構で働く日本人職員　71

第3章　ガバナンスの要求に応じて働く日本人職員……………… 81

はじめに………………………………………………………………… 81
- ▶調査概要　82
- ▶検討の対象となる日本人職員　83

3-1　機構改革に伴う仕事の変化………………………………………… 84
- ▶効率性の追求の結果　84
- ▶パートナーであり競合相手でもあるNGO　87
- ▶気を遣う対象としての民間企業　89
- ▶揺るぎない出身国との関係　91

3-2　流動性を伴う仕事への不安………………………………………… 97
- ▶移動とキャリアの形成　97
- ▶不安定な雇用制度に対する不満　99

- ▶移動と家族関係の構築の難しさ　103
- ▶女性職員の移動　104

3-3　ガバナンスを活かす職員の能力 …………………………………… 106
- ▶専門性の支配　106
- ▶移動を伴う生活の経験　108
- ▶国際公務員としての職業意識　110
- ▶自己に対する評価　112
- ▶日本人職員同士のつながり　113

結　論　115

*

参考文献　119
あとがき　135

主要略語一覧

DAC   Development Assistance Committee 開発援助委員会
ECAFE   Economic Commission for Asia and Far East アジア極東経済委員会
FAO   Food and Agriculture Organization of the United Nations 国連食糧農業機関
GF   Global Fund 世界基金
IAEA   International Atomic Energy Agency 国際原子力機関
IBRD   International Bank for Reconstruction and Development 国際復興開発銀行
ICC   International Criminal Court 国際刑事裁判所
ICJ   International Court of Justice 国際司法裁判所
IFAD   International Fund for Agricultural Development 国際農業開発基金
ILO   International Labour Organization 国際労働機関
IMF   International Monetary Fund 国際通貨基金
IOM   International Organization for Migration 国際移住機関
ITU   International Telecommunication Union 国際電気通信連合
JIU   Joint Inspection Unit 国連合同監査団
NATO   North Atlantic Treaty Organization 北大西洋条約機構
OECD   Organisation for Economic Co-operation and Development 経済協力開発機構
OIE   Office International des Epizooties (World Organisation for Animal Health) 国際獣疫事務局
PKF   Peacekeeping Forces 平和維持軍
PKO   Peacekeeping Operation 国連平和維持活動
UNAIDS   Joint United Nations Programme on HIV/AIDS 国連合同エイズ計画
UNCTAD   United Nations Conference on Trade and Development 国連貿易開発会議
UNDP   United Nations Development Programme 国連開発計画
UNEP   United Nations Environment Programme 国連環境計画
UNESCO   United Nations Educational, Scientific and Cultural Organization 国連教育科学文化機関
UNFPA   United Nations Population Fund 国連人口基金
UNGC   United Nations Global Compact 国連グローバル・コンパクト

UNHCR	United Nations High Commissioner for Refugees 国連難民高等弁務官事務所
UNICEF	United Nations Children's Fund 国連児童基金
UNIDO	United Nations Industrial Development Organization 国連工業開発機関
UNOG	United Nations Office at Geneva 国連ジュネーブ本部
UNU	United Nations University 国連大学
UNV	United Nations Volunteers Programme 国連ボランティア計画
UPU	Universal Postal Union 万国郵便連合
WB	World Bank 世界銀行
WFP	World Food Programme 国連世界食糧計画
WHO	World Health Organization 世界保健機関
WIPO	World Intellectual Property Organization 世界知的所有権機関
WMO	World Meteorological Organization 世界気象機関
WTO	World Trade Organization 世界貿易機関

ガバナンス時代の国連改革と国際公務員

序　　論

　本書はガバナンスの名のもとに機構改革を進める国際連合(国連)[1]で働く日本人の国際公務員に焦点を当て，ガバナンスのメカニズムを職員の立場から明らかにすることを試みたものである。ガバナンスは「統治」と訳され，行政学や政治学，国際関係論を中心に扱われており，国家政府が中心となって行っていた統治の失敗から，新しい統治のあり方が探求される中で生じた言葉である。それは新自由主義的な思考方法を含んだ，民間企業経営の手法を公的機関に導入するものであり，政策決定過程の透明性や説明責任，効率性が重視されるというものである。また政策決定過程は開かれたものであるべきとの考えから，ガバナンスの担い手は政府行政機関に限らずNGOや民間企業などを含んだアクターの多元性が強調される。ガバナンスをめぐる議論は1980年代から90年代に広がり，統治する側の視点から論じられた。

　国連では，グローバル・ガバナンスという言葉が初めに使用された。グローバル・ガバナンスはガバナンス論の中でグローバルなレベルに対応するものとして論じられるものである。ロズノー(J. Rosenau)によれば，グローバル・ガバナンスは地球規模の問題を対処する能力や方法であり，またその方法として国家に限らず国際機関やNGO，民間企業など多様なアクターが制度やルール，規範を形成しながら実施する活動であるという[2]。ロズノーは世界的な問題を管理する上で，現在世界政府が存在しないにもかかわらず，ある程度の秩序または日常化された合意が存在していることに注目し，トランスナショナル，サブナショナル，ナショナル，ローカルといったあらゆるレベルで見られるルールシステムの形成をコントロールするメカニズムとしてグローバル・ガバナンスを捉えた[3]。

　庄司によれば，グローバル・ガバナンスに関わる研究の争点は主に3つ挙げられ，1つは国際政治と国内政治の壁を低くし，両者の相違をガバナンスの程度の相違として捉える点であり，国家の役割およびその比重の変化を取り上げるものである。2つ目は国家に限らず国家以外のあらゆるアクターにも目が向

けられ，ガバナンスが政府だけでなく「各国が権限委譲する国際組織，企業，企業連合，NGOs，NGOの連合の全てが多くの場合政府諸機関と連携しながら，統治を創出する」という点である。3つ目は「秩序をルールの総体として静態的に捉えるだけでなく，アクターが積極的に社会に働きかける活動や意思等の動態的側面にも目を向けている点」である[4]。

これらに共通するのはグローバル・ガバナンスが国家や国際機構だけでなく，NGOをはじめとする市民社会や民間企業など複数のアクターを包摂するということである。またこのアクターの複数性が概ね肯定的に捉えられているということも挙げられる。確かに政策過程に市民の声が反映されることは，民主主義の観点から歓迎すべきことである。しかしコーポレート・ガバナンスを起源とするため，グローバル・ガバナンスもその統治の手法は企業の経営手法を基にしている。統治の仕方として効率性や透明性，説明責任が強化されることは歓迎すべき点がある一方，国際公益の追求を目的とした国連において，これらの要素は国連の本来の目的と相容れない働きをすることもある。とりわけそれは国連で働く職員の仕事や，職員の雇用条件に現れる。

地球規模の問題への対応を担ってきた国連は多元的なアクターの調整を主たる任務としてきた。このような実績から，国連は自らをグローバル・ガバナンスの担い手として位置づけ，グローバル・ガバナンスを提唱している。しかし同時に，国連自身の運営のあり方も指摘されるようになった[5]。国連の機構改革はグローバル・ガバナンスが唱えられる前からその必要性が議論され，実施されてきた。特に加盟国の中から機構改革の要求が高まったからである。そして国連事務局のガバナンスとマネジメントに関する提案が加盟国からなるグループによってなされ，国連の組織改革の提言が出された[6]。その中で予算と人事 (Budgets and Human Resources) が改革項目の1つとして挙げられ，人事は国連の説明責任および効率の核として位置づけられた。国連事務局での機構改革の動きは他の国連機関へも波及した。現在も国連の機構改革は進行中であるが，人事改革は職員の流動性を促進することに重点が置かれるようになった。職員の流動性の促進は組織のガバナンスにとって良い面がある一方，国際公務員として働く職員のキャリア形成や夫婦関係および家族関係の構築や維持も含めた

生活全般に影響し,しばしばそれらを不安定にさせるものとして機能している。

グローバリゼーションに伴う個人の働き方の変化については社会学の分野で蓄積がなされている。セネット（Richard Sennett）は古い資本主義（社会資本主義）が後退し,柔軟性を重視する「新しい資本主義」への移行に伴う個人の働き方や生き方の変化を問題として取り上げ,グローバリゼーションや技術革命が官僚制度に及ぼした影響を検討している。[7] セネットによれば,新しい資本主義は古い組織構造を解体し,中間的官僚層を徹底的に省くことで,中心が組織の周辺的権力を支配するという新しい権力の構図を出現させた。[8] この新しいかたちの権力は組織としての権威を持たず,職員の帰属心,インフォーマルな信頼,組織に関する知識の低下をもたらした。組織への帰属心は,将来設計が可能であるという実感を職員にもたらし,日々の労働に意義を見出す要素となる。組織は労働者の自己理解を可能にするものであったが,新しい資本主義のもとでは「人生を物語として」考えることができなくなった。[9] インフォーマルな信頼とは難局を迎えた時に誰に頼るべきか分かっていることを意味し,これが低下するとネットワークは簡単に切断されてしまう。組織に関する知識はインフォーマルな信頼を補足するものである。セネットはこのような影響を構造変化に伴う社会的損失として捉えており,仕事倫理の主要要素である欲求充足の先送り,将来を見据えた戦略的思考を破壊するようになったことを指摘する。

セネットによって描かれたこのような変化は,ガバナンスの名のもとに進められている国連の機構改革にも見られるのだろうか。世界労働機関（ILO）は働き方の規範を作る組織であるが,ILOを含めて国連機関では,機構改革に伴い職員の終身雇用が廃止され,任期付きの有期雇用が大幅に増えている。このようにグローバル・ガバナンスは国連で働く職員にとって,自らの勤務条件や仕事の仕方に変更を促した。

本書は,国連の組織のガバナンスが民間企業の経営手法を導入していることに着目し,機構改革が国連機関で働く職員に与えた影響について人事制度に着目して検討する。その上で,その影響や変化に伴う困難や苦痛を職員がどのように受け止め,自らのキャリア形成や新しい家族形態のあり方を模索しているのかを描く。人事制度の改革は職員に流動性を求めるが,流動性はキャリア形

成や将来の生活設計においてリスクを含んでおり，不安定な要素を与えるものものである。ここで問われるのは，ガバナンスがもたらした機構改革は，セネットの言うように国際公務員の組織への帰属心を弱めたのかということである。

　ガバナンスによってもたらされた国際公務員が抱く困難や苦痛を理解するための方法として，国連機関で働く日本人を対象とした質的調査を用いる。ジュネーブとパリに所在する国連機関で働く33人の国際公務員にインタビュー調査とアンケート調査を実施した。本書ではこの調査で得られた結果をデータとして使用する。経済のグローバル化が進む世界では労働を目的とした移動が多元的なレベルで見られている。国際的な移動を伴う労働に関する研究は見られるが，これまでの移民研究や労働研究において国際公務員はその対象から見落とされてきた。流動性がもたらす苦痛や生活に与える影響を国際公務員を通して見ることは，経済のグローバル化が進む中で働くこと，移動することについて改めて考察することとなる。

　本書の構成は次のようになっている。まず第1章では国連職員の仕事を規定する国連を取り上げ，グローバル・ガバナンスを提唱する国連が機構改革の必要に迫られるようになった経緯を確認する。国連で実際に着手された組織改革を見ることで，職員の働き方や雇用条件に与えられた変化を見る。第2章では国連の加盟国に目を向ける。というのも国連職員の働き方には出身国をはじめとする加盟国からの働きかけも無視できないからである。本書では国連の加盟国として国連に職員を輩出する日本を取り上げる。国連との関係の中で日本もガバナンスを重視するようになり，さらに公務員制度改革をはじめ，国内行政へのガバナンスの導入が見られるようになった。しかし同時に国連に対して国家主権を主張するような働きかけも依然としてなされており，国連の人事制度にもそのような働きかけはなされている。このような日本の国連外交の両義性を明らかにする。第3章では日本人職員へのインタビューから，国連改革がもたらした職員の抱える苦痛が描かれる。透明性の確保や説明責任の必要から仕事量が膨大になり，さらに雇用の流動性が求められる中で不安定な状況をどのように受け止めているのかが検討される。新自由主義的な道具であるガバナンスが職場のレベルに留まらず，職員の生活にまで影響を及ぼしているかという

ことまで明らかにする。

注

1) 国連を表す言葉は複数ある。国連をはじめ欧州連合（EU）など国際法で政府間機関と規定される組織は「国際機構」や「国際機関」と呼ばれる。第1章で述べるように，国連は事務局や専門機関，補助機関，関係機関などから成っており，これらの総称として「国連機関」や「国連機構」とも政治学や行政学の分野で使用されている。本書では「国連」を使用するが，専門機関や補助機関などの国連諸機関を強調したい場合には「国連機関」を使用している。
2) J. N. Rosenau and E. O. Czempiel (eds.), *Governance without Government: Order and change in world politics*, Cambridge, Cambridge University Press, 1992.
3) J. N. Rosenau, *Globalization and Governance*, London, Oxton, 2006.
4) 庄司真理子「グローバルな公共秩序の理論をめざして：国連・国家・市民社会」『国際政治学』（日本国際政治学会）第137号，2004年，4頁。
5) 総合研究開発機構編『グローバル・ガバナンス：新たな脅威と国連・アメリカ』日本経済評論社，2006年所収の大芝論文や，The Commission on Global Governance, *Our Global Neighbourhood: The report of the commission on global governance*, New York, Oxford University Press, 1995など参照。
6) The Four Nations Initiative on Governance and Management of the UN, *Towards a Compact: Proposals for Improved Governance and Management of United Nations Secretariat*, Stockholm, the Four Nations Initiative, 2007.
7) R. Sennett, *The Culture of the New Capitalism*, New Heaven, Yale University Press, 2006.（森田典正訳『不安な経済／漂流する個人：新しい資本主義の労働・消費文化』大月書店，2008年）
8) セネット，同書，82-83頁。
9) セネット，同書，29-32，75-83頁。またR. Sennet, *The Corrosion of Character: The personal consequences of work in the new capitalism*, New York, Norton, 1998（斉藤秀政訳『それでも新資本主義についていくか』ダイヤモンド社，1999年）も参照。

第1章　ガバナンスが求めた国連の機構改革

1−1　国連に対する改革の要求

▶グローバル・ガバナンスのアクターとしての国連

　国連はグローバル・ガバナンスの担い手としての道を切り開いてきた。19世紀後半に創設されていた万国通信連合や一般郵便連合はのちに国連の専門機関となる。これらの政府間組織は国家間の紛争を抑制し，秩序を維持するために通信，運輸，郵便の分野で国際的な共通の規則や規格の統一を行った。そのため19世紀にすでに見られた国際的ガバナンスのアクターとして位置づけられている。このことから，グローバル・ガバナンスが議論されるようになる20世紀末まで，国際連盟を含めて国連は国際的なガバナンスのアクターの1つであると認識されている。本章ではまず国連の機能を確認し，いかに国連がグローバル・ガバナンスの主体としての位置づけを確保するに至ったか，そのプロセスを見る。そしてこのプロセスに伴って生じた国連の機構改革への要求に目を向け，グローバル・ガバナンスが組織のマネジメントに与えたインパクトを検討する。

　1944年8月，ワシントン郊外にて第2次世界大戦後の政治秩序に関する連合国の会議が開かれ，国連憲章の原案が作成された。翌年のヤルタ会談を経て，サンフランシスコ会議にて国連憲章が採択され，国連の設立が決定された。国連の原加盟国は51カ国であったが，1950年に60カ国，1960年には99カ国と加盟国数は徐々に増加し，2016年現在193カ国にまで広がり，加盟国の多さという意味での普遍性は国連の特徴であると見なされている。国連の目的と原則は国連憲章の第1章に規定されており，その第1条で「国際平和及び安全の維

持」,「諸国間の友好関係の発展ならびに世界平和の強化」,「経済的,社会的,文化的または人道的性質を有する国際問題を解決すること」とされ,これらは国連の諸機関の憲章にも見られる[7]。第2次世界大戦への反省から打ち立てられたこれらの目的を実現するため,憲章は国家による武力行使は自衛のためと安全保障理事会の決定に基づくもの以外を違法としている。また加盟国の主権平等は基本原則の1つとして記されている。しかし平和破壊行為,侵略行為の存在の決定や軍事的措置を含む制裁を担う安全保障理事会は米国,英国,フランス,ロシア,中国の5カ国のみを常任理事国とし,ここでの決定は5大国一致を原則としている。この決定によって加盟国を法的に拘束することができるが,常任理事国が拒否権を行使することによって安全保障理事会の機能が制限されることもある。このため東西の対立が国際関係の基本的構図となっていた冷戦期には,安全保障理事会が事実上機能していない状態に陥っていた。

　このような限界を抱えつつも,戦後,国連は通信や運輸,郵便だけでなく紛争に伴う難民や貧困の救済,健康管理,人権の擁護,災害時の人道的支援など広い分野での国際的な制度や規範の取り決めおよび支援の実施を担っていた。これらの問題への対応や制度の維持,改革は冷戦が終結した後も必要とされ,特に経済のグローバル化の進行とも関連して貧困の格差や難民,移民の増加に関わる問題,環境問題,感染症の脅威などはますます深刻なものとなった。これら地球規模の問題は,地球に暮らす全ての人に関わる問題として位置づけられ,これらの問題と向き合い「人間の顔をしたグローバリゼーション」のあり方を求める運動や活動,研究が見られるようになった。

　地球規模の問題に対応する政策過程では,その問題の性質から政策に関わるアクターがより複数になり,多国間での様々な公式・非公式の協力関係,国際的了解・合意,集合的な行動を取るための国際的な制度や規範が発展してきた。このような中,世界政府なしに地球規模の問題をいかに解決するかという問題意識から「グローバル・ガバナンス」が政策志向的概念として登場した[8]。グローバル・ガバナンスは問題の解決に向けて各主体が規範を形成・共有し,規範についての理解を深めながら問題解決に向かうプロセスである。各主体は形成した規範に従うことが要求され,規範の普遍性を確保するためにできるだけ多

様な主体がこの規範の形成に積極的に参加することが重要とされる。その主体は国家に限らず、これまでの長い活動の経験から、国連をはじめとする国際機構、NGO、また企業などが含まれる。

このように国連は世界平和、貧困の撲滅、人権の改善、民主化の促進、女性や子どもの権利の促進など国際公益の実現のために従来の活動に加えて、多岐にわたって具体的な問題への対応を担うようになった。国連憲章に基づく正統性（加盟国による認知）と地球レベルで公共財を提供することから、グローバル・ガバナンスを担う主体として国連は自らを位置づけており、その役割を期待されるようになった。[9]

世界銀行（World Bank）は国連の関連機関であるが、「ガバナンス」という言葉を最も早い段階で使用した機関である。それは1989年に発行した経済危機を受けたサブ・サハラ・アフリカの経済支援に関する報告書の中であった。開発に必要なこととして被援助国のグッド・ガバナンスという言葉が用いられた。1970年代末に世界銀行が途上国に導入した援助方式への反省から、被援助国の経済成長を目的としていることを前提としつつ、そのためには公的部門の効率性、法の支配、行政機関の説明責任も民間とともに重要であるとされている。[10] 世界銀行によるこの定義はグッド・ガバナンスの「狭い定義」であり、議会制民主主義または民主化への動きという政治的要素を含んでおらず、経済的視点によるものであるとしながら、暗黙には議会制民主主義の政治体制を志向しているとの指摘もある。[11] いずれにせよ、ここで使用されたグッド・ガバナンスは経済政策の補完要因であり、また法制度の整備、効率性、説明責任、透明性といったコーポレート・ガバナンスが意味する企業の統治のあり方と重なる。

のちに国連開発計画（United Nations Developing Programme, UNDP）が2002年の「人間開発報告書」の中で「経済プロセスと管理上の効果にもっぱら注意がむけられてきた」グッド・ガバナンスに対し、「民主的ガバナンス」という言葉を用いている。[12] そこでは持続性のある解決策のためには貧困層の発言権と政治参加の場が必要であるとし、民主主義の政治体制を途上国の国内で深めていくことが効果的ガバナンスにとって必要であるとしている。さらに開発の成果を測る指標として人間開発指数を提示し、国別に公表している。[13]

1992年には国際開発問題委員会委員長を務めていたウィリー・ブラント(Willy Brandt)西ドイツ首相の要請によって，開発に対する国際的な協力強化についての報告書が出され，さらに様々な国から集まった28人の代表から成るグローバル・ガバナンス委員会が設置された。同委員会の1995年の報告書「我ら地球の隣人(Our Global Neighborhood)」は，それまでに行われてきた開発のパターンを変えるための提案であり，より良い世界を創るためには集団の力が必要であるとしている。グローバル・ガバナンスは単一のモデルや形式はないとしながらも，「個人と機関，私と公とが，共通の問題に取り組む多くの方法の集まりであ」り，「多様な利害関係の調整や，協力的な行動のもとでの継続的プロセスである」と記されている[14]。それは従来の政府間関係に限らず，NGOや市民運動，多国籍企業，グローバルな資本市場が関わるものとして考えるべきだとしている。特に市民社会を重視しており，国連制度の中に市民社会フォーラムの開催，市民社会が行使できる新しい請願の権利を認めること，請願を取り上げる機関として請願理事会の新設を提案している。市民社会をはじめとするアクターの複数性に重点が置かれているが，多様なアクターが共通の活動を行うために国連が中心的役割を担うべきであるとしている。

　このように国連およびその専門機関によって使用される「ガバナンス」は，それが示す重点が異なるものの，積極的に国連およびその専門機関はこの言葉を発信してきた。その中で共通している点は，ガバナンスはある共通の問題に対して取り組む方法であり，その取り組みのプロセスであり，特に関与する主体の複数性を重視する。また「グローバル・ガバナンスのアクターとしての国連」は国連自身およびその加盟国に限らず，国際関係論を中心とする分野の学者によっても位置づけられている。例えば内田はグローバル・ガバナンスを担う国連事務局の役割について述べる中で，「(国連は)『諸国の行動を調和するための中心』であるばかりでなく，民間セクターや国際的非政府組織との行動を調和するためにも重要な役割を課せられて」おり，「事務局はその調和を演出する一番のアクターとなりつつある」[15]としている。

▶複数性の重視

　国連はグローバル・ガバナンスの主体として具体的にどのようなことに取り組んできたのか。国連はグローバル・ガバナンスを用いることで市民社会や企業との「パートナーシップ」に重点を置く。しかし国連はその専門機関も含めてグローバル・ガバナンスが登場する前から，より正確にはその発足時からNGOや企業との関係を築いてきた。一般的に国際NGOはグローバルな問題について，関連する政府や多国籍企業，場合によっては国連にも責任を問う役割を担いつつ，幅広い分野で草の根のレベルで活動を行い，その数を徐々に増やしてきた。国連発足時から続く国連とNGOや企業の関係では，グローバル・ガバナンスの議論の登場によって何が変化したのだろうか。

NGOに認められた政策過程への限定的参加

　NGOの役割を歴史的に論じた入江(Irie)によれば，戦争の犠牲者のために連合国復興救済機関(United Nations Relief and Rehabilitation Agency, UNRRA)や戦争疲弊地域での児童救済を目的とした国連児童基金(United Nations International Children's Emergency Fund, UNICEF)が戦後設立される中，これらの機関から人道的援助目的での資金要請を受けて国際的な救済援助活動を目的とするNGOが米国で次々に新しく設立された。[16] Oxfamや国際赤十字委員会などの活動が戦時中から見られたヨーロッパでは，戦後も行方不明者の情報収集や伝達の活動がこれらの団体によって行われていた。このような活動実績から，国連の創設が決定されたサンフランシスコ会議にはNGOの代表が派遣され，国連憲章第71条に国連とNGOとの関係構築を支える規定が盛り込まれた。そこには「経済社会理事会[17]は，その権限内にある事項に関係のある民間団体と協議するために，適当な取り極めを行うことができる[18]」とされている。

　サンフランシスコ会議に派遣されたNGOの多くは米国の組織であり，42のNGOの代表が米国代表団の顧問として招聘され，国連によって公式に認められた。米国の組織に限らず国連によって認められた団体の数は徐々に増え，1951年時点には188にのぼり，これらのNGOはそれぞれ国連およびその専門機関と連携を結んだ。例えば経済社会理事会（経社理）や国際労働機関(International Labour Organization, ILO)，世界保健機関 (World Health Organization, WHO) などは教会関係や労働組合連合，国際赤十字委員会や世界医師会などのNGOと密接な提携を持ち，活動を展開した。また国連の公式認定を受けていない諸団体は，1940年から1950年の間に政府間国際組織が38から81に，NGOは477から795に増加した。1950年代に入ると両者の活動は開発援助分野でより活発になり，その動きは1960年代に入っても続いた。その結果，1960年代から1970年代にかけて政府間国際組織の数は145から280に，NGOの数は1628から2795と大幅に増加し，多くのNGOが旧植民地から独立をとげた国で支部を設け，世界各地に密接なネットワークが構築された。[19]

　経社理はNGOの役割が顕著になる状況に鑑み，NGOが事務局との協議を行うことのできる協議資格を認める決議を1968年に定めた（経社理決議1296）。適格機関とされたNGOは各国政府および国連事務局にとっての専門家としてアドバイザーおよびコンサルタントの役割を務め，会合への出席や検討事項に関する発言，書面を通じて経社理や補助機関に関与することとなった。総合協議資格を有するNGOは経社理で新たな検討事項を提案することができ，適格機関は国連の特別総会およびその他の政府間機関が招集する国際会議へも招待されるようになった。[20] さらに1970年代から1980年代にかけては政府間国際組織とNGOの数がかつてないほど増加し，1984年にその数は本部と支部を合わせてそれぞれ7073，7万9786と膨大な数にのぼった。入江 (Irie) はこの理由として多国籍企業の増加によるグローバル化の進展が市民社会の進展と国家の役割縮小が世界全体で進行していたことを挙げている。冷戦期は特に米国で国家間の政治的な動きに巻き込まれたNGOが見られたものの，その多くは人道的救済や文化交流の活動を国連およびその専門機関との協力関係の中で担い，多くのNGOは冷戦に影響を与えようと努力した。

　冷戦が終結した1990年代以降，グローバル化が進む中で地球規模の問題が深刻化し，グローバル・ガバナンスが提示されるようになるとNGOはこれまでの活動の蓄積を活かし，国際社会でそのプレゼンスをさらに高めることを目指した。具体的には国連およびその専門機関での政策形成や決定過程への関わりの度合いを強めることである。実際に1996年には国連における協議に関す

る取り決めの見直しがなされ，その結果，参加認定の取り決めの標準化や経社理との協議資格申請プロセスの簡素化，国内NGOにも申請資格が認められるようになった。また同年には総会作業部会にNGOに関する分科会が設置され，2011年には3400団体以上のNGOが協議資格を獲得している。協議資格を持つNGOは国際会議に参加したり，国際行事で意見を発表することができる。地球公共政策の策定過程と実施，評価を検討した内田によれば[21]，その政策決定過程を「地球社会にとっての問題の確定→政策の目的と原則についての合意形成→政策案の討議検討→決定→実施→レビュー・評価」としており，このうち政策案の討議検討の段階でNGOや市民社会の貢献が反映されているという[22]。また実施段階においても「国連と国家だけではなく，地域機構，市民社会・NGO，民間企業，草の根運動の貢献が不可欠」[23]であり，国際機関とNGOとの連携は政策形成や事業活動の領域で進展しているとしながら，国際機関の活動の評価についてもNGOの参加が求められていると述べている[24]。

　2000年以降，コフィ・アナン（Kofi Annan）事務総長は市民社会と企業との協力関係について報告書の中で度々取り上げており，市民社会については国連との相互作用が高まっているとの認識から，両者の関係構築のためのハイレベル・パネルの設置を提案した[25]。2004年にブラジルの大統領フェルナンド・カルドーソ（Fernando Cardoso）を委員長とする有識者パネルの報告では国連と市民社会の関係が検討されており，その中で提示されている30の勧告のうち17は事務局ないし事務総長に対するものであり，事務局で民間部門との関係強化のためのユニットを設置する提案などが挙げられている。また民間セクターとの関係についても，事務局の創設を提案している。

　このように国連は発足時からNGOとの関係を築き，とりわけ経社理では協議資格を認めるまでにその存在を重視していた。国連がグローバル・ガバナンスを主張する中で，NGOは単に数によって自らの存在を強化するだけでなく，政策過程への参加およびその参加がより開かれたものになるように動き，国連での地位を上げたと言える。

　他方，国連や加盟国政府にとって協議資格を持つNGOの意見が実際にどの程度政策決定に影響を与えているものとなっているかは明確ではない。制度上，

NGOは公式的,非公式的な方法によって圧力行動を起こすことができるようになったと考えられるが,しかし国連およびその専門機関で最終的な意思決定に参加することができるのは加盟国政府のみであるという点に依然変化はない。[26]

多国籍企業のイメージ形成への寄与

国連がグローバル・ガバナンスにおける主体の複数性を重視する上で,その主体はNGOだけでなく企業も含まれる。そもそも国連およびその専門機関は世界貿易機関(World Trade Organization, WTO)など加盟国間の企業活動に関わる政策の調整とその履行を確保していることから,企業活動の円滑化を図る機関を含んでいる。

国連は自らが活動する上でNGOと同様に企業との関わりの重要性を早くから示しているが,それは主に国連が活動を行う上で当然必要となる調達分野においてである。しかし単なる調達先としての関わり以上に国連での企業の存在は21世紀を目前に特に顕著となった。それは国連を通じた企業の活動の促進を目指すものであり,そのための制度が国連のイニシアチブによって整備され始めたのである。これは経済のグローバル化を背景に企業によってもたらされる低賃金労働者の問題や環境破壊などが深刻化し,企業の倫理が問われるようになったことで企業の社会的責任(Corporate Social Responsibility, CSR)という考え方が広まったことに由来する。先に取り上げたグローバル・ガバナンス委員会の報告書(1995年)の中ですでに世界のビジネス部門が「地球のガバナンスに貢献するように奨励されるべきである」[27]と述べられているが,これらの状況を受けて1999年にアナン事務総長が「国連グローバル・コンパクト(UN Global Compact)」を提唱し,翌年にグローバル・コンパクトに賛同する企業のネットワークが発足した。

グローバル・コンパクトは「企業を中心とした様々な団体が,責任ある創造的なリーダーシップを発揮することによって社会の良き一員として行動し,持続可能な成長を実現するための世界的な枠組み作りに自発的に参加する」[28]ことを求めている。企業活動の中で実現すべき原則として,世界人権宣言を起源とする人権,国際労働機関宣言を由来とする労働,環境と開発に関するリオ宣言

と国際アクションプランを起源とした環境が打ち出され，さらに2004年には企業の腐敗防止に関する原則が加えられた。これは企業および団体の自発的活動によるものであり，2015年現在約160カ国で1万3000を超える団体（そのうち企業は約8300）が署名している。[29] さらに2005年には国際政治学者のジョン・ラギー（John Ruggie）が「企業の人権の問題に関する国連事務総長特別代表」に任命されるなど，企業を通じた人権保障を推進しようとする動きが見られる。[30]

このように国連は企業に地球規模の問題に対する責任を自覚するよう促している。複数性を重視するグローバル・ガバナンスにおいて，国連は企業も当然その構成要素の1つと見なしているため，この動きはグローバル・ガバナンスの登場と関連している。ただし，グローバル・コンパクトは強制力を持ったルールではなく，どこまで企業がグローバル・コンパクトの掲げる原則を遵守するかは不明瞭である。グローバル・コンパクトを肯定的に捉える議論が存在する一方，これに加盟することで企業は自らが生じさせる問題を隠すという懸念や，企業との関係構築が国連の商業化につながると問題視する声も存在する。[31]

国連の試みであるグローバル・コンパクトの事例から理解できることは，多国籍企業のイメージを人権につなげて形成しようとしていることである。これは国連がグローバル・ガバナンスの担い手として企業との関係をより見えやすいものにする必要があることにも関わっており，企業に対して肯定的なイメージを与えることに国連が寄与していることとなっている。

▶国連改革議論の背景とプロセス

1995年のグローバル・ガバナンス委員会の報告書は，セキュリティの促進，経済的相互関係の管理，世界規模の問題に対応した法の整備などを課題として取り上げたが，その中で国連の改革も1つの事項として提示されたことは重要な点である。というのもグローバル・ガバナンスの文脈において，その担い手として国連自身の改革と再活性化が必要であることが示されたためである。他方，国連改革を求める声は1960年代から出ており，現在に至っても改革は進行中であることも確かである。その背景には国際情勢および国際社会が直面する問題の変化および多様化に対応するための国連改革が必要とされてきたこと

がある。

　国連発足以降の国連改革に関する議論を概観すると，そのほとんどが安保理改革に重点が置かれているが，詳細に見ると国連改革は安保理改革に限ったものではない。最上は国連改革論の系譜を示し，そこで国連改革を機能強化の側面と制度的手直しの側面に分けて整理した。[32] 機能面の強化としては安全保障分野での紛争の予防や平和的解決，経済社会面での途上国の開発促進や飢餓の解消，資源と環境の保全，社会的弱者の地位と権利の向上などが含まれる。機能面に関する改革の議論は1960年代に開発問題に関わるものとして，特にアフリカでの植民地独立を受けて開発機関が複数発足する中，開発実績を上げるために国連の調整能力の向上を主張するものであった。[33] この流れは1970年代に入っても引き継がれ，南北問題に対応するための改革の提案が出されている。[34] 安保理改革を目指した構想や提案は1990年以降続いていた。特に国連創設60周年に当たる2005年に向けて特に改革機運が高まったが，結局は合意が得られず今日に至る。

　制度面については国連の機関や手続きに関するものであり，総会の権限強化や安全保障理事会の改組および拒否権の見直し，経社理に関する事項，事務局の改組や財政緊縮などの制御や是正などである。さらに改革の提案者による分類も提示されており，具体的には総会などの機関，それによって設置された検討委員会等，加盟国あるいは加盟国群，国連の外部の研究者などが挙げられるとしている。ここでは最上の言う国際公務員の人事や仕事の仕方に直接関わる制度面での改革を中心に取り上げ，事務局の改組や財政，国連外との関わり方に関する提案の内容を見ることで改革のプロセスがガバナンスの議論と結びついていることを確認する。

　制度面に関する改革，即ち事務局の改革については1970年代後半から1980年代にかけて，国連分担金額の高い米国が財政改革の要求に動いた。米国は1984年に専門機関の意思決定について資金的貢献に応じた投票権の付与を主張し，その年にユネスコを脱退した。また国連分担金の引き下げの提案を1985年に米国議会が通過させ，翌年に実行している。さらに1986年には米国による国連総会への働きかけで，18人の専門家からなるハイレベルグループ

(the Group of 18) が形成された。このグループによる報告書でより力点が置かれたのは事務局に関することである。事務次長・事務次長補レベルの上級ポストの削減，人事政策の改善，国連諸機構の活動に対する監査および査定の強化，予算編成における活動優先順位の明確化，そして加盟国の見解が十分に反映されるべきであることが示された。1990年代に入ると，冷戦後の国連の役割が再検討されるようになり，安保理改革を中心とする機能面での改革に伴い，ほぼ毎年のペースで制度面の改革が提案された。北欧諸国による報告では「援助疲れ」から国連への資金的貢献が難しいため，国連の効率化の必要性が訴えられた。[35]

制度面の改革をグローバル・ガバナンスの概念とともに唱え，委員会設立の過程からミレニアムに向けた国連改革に関する検討を行ったのはグローバル・ガバナンス委員会である。イングヴァール・カールソン (Ingvar Carlsson) スウェーデン首相とシリダス・ランフェル (Shridath Ramphael) ガイアナ外務大臣が共同議長を務めた同委員会の報告書の中では事務局について，大きすぎる官僚制の改善と閑職ポストの撤廃を呼びかけ，人事制度の改善の必要にも触れており，具体的な改革の必要性が示された。

このような中，イラクにおける「石油と食糧交換計画」に関わる腐敗問題によって事務局の運営は一層問題視され，改革を必要とする声はより強まった。石油と食糧交換計画は湾岸戦争後の1991年に始まり，イラクの石油輸出を食糧，医薬品，その他の民生品の購入費用を得るためだけに認めるという国連のイラクに対する制裁措置であった。この計画の中で国連職員が関連企業から多額の賄賂を受け取っていたという疑惑が発覚し，アナン事務総長の息子もこの疑惑に関連していたというのだ。このため事務総長に対して辞任要求が出され，[36] 2005年の国連総会首脳会議では国連に対する説明責任が問われることとなった。[37] 国連では調査委員会が設けられ，米国議会も独自の調査委員会を設けた。

この不祥事を経た2006年の事務総長報告書では，それまでの改革事項の中では最後の項目に挙げられていた事務局および職員の項目が初めに位置づけられており，職員の採用に関する事項や，本部とフィールド・オフィス間の統合的な職員の移動の促進が述べられている。[38] 特に職員の移動は国際公務員の条件

であると同時に昇進にとっても不可欠であること，移動を可能にするために局長の権限を確保することまで詳細に言及されており，職員の流動性を高めることが改革の主眼となっている。

さらに2007年には国連事務局の組織運営を検討するために2005年に結成されたチリ，南アフリカ，スウェーデン，タイの4カ国から成るThe Four Nations Initiativeが最終報告書をまとめており，国連の組織改革に関して信頼，ガバナンスとマネジメント，説明責任と透明性がキーコンセプトとして挙げられた。[39)] 中でも予算と人的資源を優先事項として取り上げている。予算については国連合同監査団（Joint Inspection Unit, JIU）による成果重視に基づくマネジメントが提唱され，成果重視の行政に基づいた提案が出された。人的資源については人事の説明責任を確保するために，加盟国に事務局の職員を提供する責任を求めている。これらに加え，幹部ポストの任用については一定の国に偏りがあると指摘すると同時に，幹部ポスト以外のレベルの任用についても透明性の確保が不十分であるとしている。特に地理的配分の原則が尊重されておらず，開発途上国は情報へのアクセスの機会が先進国に比べて少ない現状をふまえ，任意拠出金によって得られるポストよりも地理的配分を優先させ，すべての地域に対して公募するべきだとしている。地理的配分の原則とは職員の任用について規定する国連憲章第101条第3項の「職員をなるべく広い地理的基礎に基づいて採用することの重要性については，妥当な考慮を払わなければならない」ことから設置された制度である。説明責任の改善については雇用契約を結ぶ際に職員の責任について明確に認識してもらうことや，職員の研修のための予算を増やすことが提案された。

このように，グローバル・ガバナンスは国連の政策過程の中でNGOや企業のプレゼンスを強めるという効果をもたらすと同時に，国連がグローバル・ガバナンスのアクターとして自らを位置づける中で，制度面での改革の要求をももたらした。米国をはじめとした先進諸国が中心となって出したこの要求は，職員の流動性や効率性，説明責任，透明性，成果重視の強化といった企業のガバナンスに沿ったものである。制度面において国連がどのような改革に着手したのかを見る前に，改革議論の中で改革の対象として事務局が挙げられている

ため，その事務局が担う国連の組織運営について次節で確認する。

1－2　事務局の組織運営

▶事務局の機能

　国連機関は「国連機構」や「国連システム」と呼ばれる複合的な存在であり，組織や活動を規律するための法は国際法，国内法，内部法で定められている。国際法は各機関の組織と活動を基礎づけるものであり，その目的や構成，権限，手続きなどを第一義的に明確にしているのは当該機関を設立した基本条約である。基本条約には加盟国間の条約として国家を拘束する側面と当該機関の基本法としての2つの側面を持ち，国連機関を規律する最も重要なものである。国連機関がその活動の中立性を確保するために有する特権免除を享受するという意味において，国連機関は国内法の規律に服さないことになるが，ほとんどの場合国連機関は各国が国内法上の法人格を認めるため，その日常業務の遂行に関する様々な法律行為は活動する国の国内法によって規律される[40]。内部法は基本条約に従属する下位の法として位置づけられており，事務局職員の雇用を規定する職員規則・細則や活動の手順，内容を細かく規定する業務規則が含まれる。

　横田によると，国際機構の内部組織は次の5つにまとめられる。1つは全加盟国を構成員とする審議機関である総会[41]，2つ目は理事会，執行理事会，執行部会などと呼ばれる執行機関，3つ目は具体的な作業を担当する委員会（常設委員会と特別委員会がある），4つ目は準備，運営などを担う事務局，そして5つ目は紛争を解決するための組織である[42]。国連機関の場合は6つの主要機関から成っており[43]，各主要機関から補助機関や専門機関，委員会なども含まれる。

　国連の事務局は当該機関の行政職員の長である1人の事務局長と職員から成り，事務総長は安全保障理事会の勧告に基づき総会が任命し，職員は総会が設ける規則に従って事務総長が任命する。事務局は総会や理事会の監督のもと，国連の活動において事務的な仕事を行う。総会や理事会のように国連の意思決定を行う政治的機関ではないが，国連の仕事が有効に遂行されるために不可欠

で重要な機関である。その任務は世界の経済的・社会的動向や諸問題の資料や情報収集および提供,人権・軍縮・経済開発などの主要問題についての調査研究の推進,活動計画の立案・実施,総会をはじめとする国際会議の準備・運営などが挙げられる。このほか事務総長および職員の職務に関わる組織・財政の管理も担い,これらの任務遂行の過程では国家間の調整や,国家に限らずNGOや財団,民間企業などとの調整も行う。事務局の特徴として重要な点は,その構成員である事務総長および職員に国際的活動が義務づけられていることにある。この点において事務局は加盟国の代表によって構成される総会や理事会と異なり,「もっとも徹底した意味における国際的機関[45]」との見方もされる。

財政の管理

国連システムの財源を把握することは複雑な財政制度から非常に困難であるが,概ね加盟国が義務として負担する加盟国分担拠出金と任意拠出金,そして機関が有する固有財源に大きく分けられる。加盟国分担拠出金は加盟国が義務として負う拠出であるが,その額は支払い能力に応じて決定されており,国によって異なる。支払い能力は人口1人あたりの比較所得,加盟国の外貨確保能力,発展途上国の特殊な経済事情などが考慮される。国連は各加盟国の支払い能力を測る基準として国民総所得（Gross National Income, GNI）を指標として用いており,全世界のGNI合計に対するそれぞれの国のGNIの割合を基礎としている。7年間の国民所得統計の平均値を取ることで経済状況の変動に対応しており,分担率は3年おきに国連総会で見直されている。1人あたりの所得が世界平均を下回る国に対しては最大80％の割引や,後発途上国のためには全体に占める最大分担率0.01％,下限を0.001％とした額が適用される。他方,拠出金の多い国に対する最大分担率は上限22％であり,1946年当初の49.89％から段階的に引き下げられてきた。

国連の予算を見ると,ニューヨークの事務局および世界各地の現地事務所の活動予算となる2016-2017年の2カ年通常予算（2016年1月現在）は約54億ドルで,その予算は決して大きいとは言えない。2015-2016年のPKO予算（単年度予算）は約82.7億ドルと,通常予算より大きく[46],これに世銀グループの貸付額

表1.1　2016年国連通常予算分担率および分担金額

		（分担率，％）	（分担金額，百万ドル）
1	米国	22.000	594.0
2	日本	9.680	237.0
3	中国	7.921	193.9
4	ドイツ	6.389	156.4
5	フランス	4.859	119.0
6	英国	4.463	109.3
7	ブラジル	3.823	93.6
8	イタリア	3.748	91.8
9	ロシア	3.088	75.6
10	カナダ	2.921	71.5
11	スペイン	2.443	59.8
12	豪州	2.337	57.2
13	韓国	2.039	49.9
14	オランダ	1.482	36.3
15	メキシコ	1.435	35.1
16	サウジアラビア	1.146	28.1
17	スイス	1.140	27.9
18	トルコ	1.018	24.9
19	スウェーデン	0.956	23.4
20	アルゼンチン	0.892	21.8
	その他（173カ国）	16.220	397.1
	合計	100.00	2503.6

（出所）　外務省「2015-2017年国連通常予算分担率・分担金」(http://www.mofa.go.jp/mofaj/gaiko/jp_un/yosan.html) より。

などが加えられる。2016年度の国連通常予算分担率および分担金額は**表1.1**のようになっている[47]。米国は最も多く分担金を拠出しており，表にある20カ国以外の173カ国の合計を上回る金額を分担している。米国は2000年まで分担率

第1章　ガバナンスが求めた国連の機構改革　　23

25％を負担していたが，自ら上限を設定することを提案し，2001年より22％に引き下げることで合意された。上位20カ国を占める国の名前は多少の順位の入れ替えが見られるものの2006年から2012年まで変化がなかった。2014年以降，ポーランドやサウジアラビア，トルコ，アルゼンチンが出ている。国民1人あたりの負担率で見るとこの順位は変わってくるが，単純に国家別の分担金額を見ると，上位7カ国はG7のメンバー国で，全体の約63％を占めている。国連は常に財政不足状態にあるが，加盟国の拠出金の滞納がその理由の1つである。滞納が2年間に及ぶと場合によっては総会での投票権を失うこととなっている。また分担金の負担率の大きさは人事制度に反映されており，より多くの拠出金を負担する国の候補者を優遇する措置が取られている。

　任意拠出金については「きわめて大きな割合を占めており，このような任意拠出金は予算外資金として通常予算とは別枠で処理されているため，統一的な管理がされているとは言えない」[48]。このため資金の流れを把握することは困難であるが，UNICEFや国連難民高等弁務官事務所 (Office of the United Nations High Commissioner for Refugees, UNHCR)，WHOなどはその活動を任意拠出金に依っているところが大きく，分担金総額に占める任意拠出金は8割にのぼる。

　このほか予算の拠出の制度として，UPU，ITU，世界知的所有権機関 (World Intellectual Property Organization, WIPO) などでは定められた拠出金の等級を加盟国が選択して支払う方法を取っている。この場合加盟国は自己支払い能力を過小評価する傾向にあるが，これらの機関は固有財源制度という独自の財源を確保しているため，加盟国の支援にほとんど頼らずに財源を調達することができている。WIPOや国際原子力機関 (International Atomic Energy Agency, IAEA) などは加盟国や企業に提供するサービスの代償としての収入を得ており，例えばWIPOは国際知的財産の管理サービスである国際登録・出願制度を加盟国や企業に提供し，その収入は年間予算のほぼ90％にのぼる。

　加盟国に割り当てられた分担金は国連の通常予算に適用されるが，このほかに加盟国政府および非加盟国政府，非政府組織によって定期的に拠出される任意拠出金や贈与による財源もある。例えばWHOは加盟国の分担金と任意拠出金のほか，民間企業や世界基金 (Global Fund) などからの財源を調達している。

任意拠出金および贈与による資金調達は多くの国際公務員が抱える重要な仕事の1つである。所属機関によっては予算調達の必要がほとんどない職員もいるが、多くの職員がプロジェクトの企画段階において予算調達が期待され、出身国の政府や財団などを中心にアプローチすることとなる。

人的資源の管理

国連で働く職員は総会が設ける規則に従って事務総長が任命することとなっており[49]、膨大な数の職員が官僚制を築いている。国際公務員の定義は黒神が整理しており、その中で高野雄一の定義を引いて国際公務員を狭義、広義、最広義に分けて説明している[50]。長くなるが引用すると「第一に、狭義の国際公務員は、国際機構の一機関である事務局を構成し、機構の行政職員の長である事務総長（または事務局長）の下に行政的事務組織を構成する者で、いかなる国の政府を代表せず、かつその指揮の下に立たず、もっぱらその属する機構に対して責任を負う国際的な職員である。第二に、広義の国際公務員は、事務職員ではなく、国際機構の実質的な権能の行使に関係する者で、個人的な資格者として独立して任務遂行に当たる者とされる。……第三に、最広義の国際公務員とは、国際機構主要機関を含む大部分の機関の構成員である加盟国の政府代表である」。ここで使用する「国際公務員」は、国連やその補助機関、専門機関で働く職員という、狭義の国際公務員を示す言葉として使用している。

国連機関の多くは職員の採用、勤務条件、給与体系、身分保障等に関して共通の基準を定めた国連共通システム（United Nations Common System）に加入している。国連共通システムは職員の任用制度の統一を図ることで機構間の競争を緩和し、また人事交流を円滑にすることで各機関と国連の間の協力を促進することを目的に設置された。この制度を機能させるため、1972年に国際人事委員会（International Civil Service Commission, ICSC）が国連総会によって設置されている[51]。

職員の採用方法は複数あり、国連機関が実施する方法の1つとして挙げられるのは空席広告による募集および採用である。各機関はポストに欠員が生じると空席広告を出し、まず国連内部にて、続いて専門機関から候補者を募る。ま

た加盟国の任意拠出金や基金に関連する職種の場合，拠出金が多い国の出身者が雇用される傾向にある。空席広告とは別の採用方法として挙げられるのは国連事務局が実施する32歳以下の者を対象とした国連職員採用競争試験 (National Competitive Recruitment Examination) であり，国連が算出する「望ましい職員数の範囲」を下回る国で実施されている。この「望ましい職員数の範囲」は加盟国分担拠出金に応じており，より多く拠出している国の職員を優遇する制度である。このほか，国連機関が派遣している採用ミッションがあり，中堅以上の中途採用を対象としている。不定期ではあるが積極的に採用したい国に採用ミッションが派遣され，派遣先の国で面接等採用活動が実施されるため，加盟国は採用ミッションが自国に来るよう各機関に働きかけることがある。

　国連機関に代わって加盟国が採用活動の一部を担う制度がJunior Professional Officer（以下JPO）である。この制度は35歳以下の若者に原則2年間国連機関で働く機会を提供するという国連決議に基づいた制度で，派遣先機関によってはAssociate Expert（AE）と称される。この制度の最大の特徴は出身国政府の拠出金によって給与が支払われることにある。このため2年間の任期が終わった後，当該機関の正規職員に就くことが出身国より強く望まれる。加盟国にとっては経済的負担があるものの，国連での自国出身の職員を増やすためにこの制度を用い，採用には自国の行政機関が窓口となって行っている。この制度を用いている国は先進国をはじめとした25カ国であり，財政的な余裕がない国では実施されていない。[52]

　JPOのほかには，加盟国の国家公務員を派遣職員として受け入れるポストがある。その数について正確な数字を見つけることはできなかったが，例えば厚生労働省からWHOやILO，文部科学省からUNESCOというように，専門機関を中心に関係が強い省庁との間で設置されているものである。このポストは加盟国の行政機関によって維持され，守られている。派遣職員の派遣先機関での任務は出身国との関係の中で行われるものが強いが，あくまで出向期間中，派遣された職員は国際公務員として働く。国連は派遣職員の出身国からの独立性を確保するために1999年以降，派遣職員の給与を国連側が負担することを決定している。

専門性

国連が職員採用にあたって最も考慮する要素は候補者の専門性である。国連憲章第101条第3項の前半部分に「雇用及び勤務条件の決定に当たって最も考慮すべきことは，最高水準の能率，能力及び誠実を確保しなければならないことである」と規定されている。職員の能力については求められる人材の条件がポストによって異なるため一概には言えないが，専門職員には，修士号以上の学位や専門分野での職務経験が必要とされる。専門性は，国際的指針やガイドラインの作成，会議に先立つ国家間交渉などの準備，技術協力などに際して不可欠なものであるとされる。またポストによってはマネジメント能力や，予算の調達およびそのための国家や財団，企業との関係形成の手腕も必要不可欠となる。

専門性に加え，業務を遂行するためには国連共通語に含まれるいずれかの言語能力が必要とされる。国連の公用語は英語，フランス語，ロシア語，中国語，スペイン語，アラビア語である。業務上の使用言語は英語がほとんどであるが，事務所の所在地によっては英語以外の言語が使用されることがあり，例えばパリに本部があるユネスコでは英語とともに，フランス語も高い頻度で使用されている。語学能力には読み，書き，話す力に加え，議論の仕方やプレゼンテーションの仕方などを含めた総合的なコミュニケーション能力が含まれ，これらの言語を学ぶ機会を各機関は提供している。

このほか，多様な国籍や文化的，社会的背景を持つ職場への適応力が重視される。また同じ機関の中でも本部事務局とフィールド事務所では職員の人数が全く異なる上に，本部がフィールドに対して持つ権限の大きさも機関によって様々である。そしてほとんどの場合，職員は外国で生活することになるため，外国での生活への適応力も重要とされる。

職階制の原則

国際公務員の職種は専門職以上の職員と一般職員に大きく分けられ，前者は本部事務局だけでなく世界中に存在するフィールドオフィスでの勤務の可能性がある。職階は幹部職である事務次長補以上の非分類職（Ungraded）とそれ以

外に分けられ、非分類職には事務総長(Secretary General)をトップに副事務総長(Deputy Secretary General, DSG)、事務次長(Under Secretary General, USG)、事務次長補(Assistant Secretary General, ASG)の幹部職から成っている。事務総長は政治的任用であり、かつ地域の輪番制によって選任されている。USG, ASGのポストには安全保障理事会の常任理事国をはじめとする主要加盟国の国籍保持者が就任する傾向が強く、事務総長を補佐するDSGは事務総長によって任命される[53]。事務総長は選挙によって選任されるため出身国政府からの全面的支援を受けることが必須であり、候補者を出す政府は票を集めるためにできるだけ多くの国に対してロビー活動を行う。幹部職としてはその下に局長(Director 2)、部長(Director 1)と続き、さらにその下には専門職員(Professional)が5から1のレベルに等級が分かれている。専門職員の1レベルから局長の2レベルまでは国連職員採用競争試験に基づいて採用され、キャリアの上昇を目指すためには現在の職位よりも高いポストの公募に応募し、試験を受けることで可能となる。

専門職員とは別に事務職を担当する一般職員は、当該機関の所在地で現地採用となる場合が多い。一般職員から専門職員への職種の変更は国連内部での試験制度が1978年に設置され、それ以降可能となった。雇用形態の分類では正規職員、技術協力要員、臨時職員の3つに分けられ、このほか国連ボランティアやインターンシップとして働く職員も国連の活動に参加している。

▶職員の構成

国連の資料によるとニューヨークやジュネーブおよび世界各地のフィールドで働く国連事務局の職員数は2014年6月時点で4万1426人である。主要専門機関を含めた国連機関全体の職員数は7万4960人となっている[54]。国連事務局に限ると、ニューヨークやジュネーブ以外のフィールドオフィスで働く職員は2万1248人と事務局全体の半数以上を占めている[55]。専門職および管理職に就いている人は1万2420人である一方、一般職は2万4855人と2倍以上の数であり、職員全体の約4分の1が翻訳や通訳に当たる言語職員であると言われている[56]。平均年齢は43.8歳であり、5年刻みの年齢別グループでは35歳以上40歳未満

のグループが最も多い。加盟国の中には職員を出していない国が15カ国存在している。国連が定めた地理的配分の原則で望ましい人数に達していない国は38カ国，適当な範囲にある国は120カ国，範囲を超えている国は20カ国である。職員数を最も多く輩出している国は順にスーダン（全職員数の7.47%），コンゴ民主共和国（7.37%），米国（6.30%）となっている。全体的に職員数を多く輩出している国は大きく2つに分けられる。1つはスーダンやコンゴ民主共和国のほかにケニア，アフガニスタン，ハイチなど紛争や災害などによって不安定な状況にあり，フィールドで働く職員の人数が構成員の大部分を占めている国である。これらの国には国連からのミッションをはじめ複数の機関が現地に事務所を設けている。もう1つは米国をはじめとしたフランスやイギリスといった，職員全体の数が多く，特に専門職および管理職の人数が他に比べて圧倒的に多い国である。これらの国は旧連合国のメンバーであること，国連の公用語が母語であること，国連機関の本部を有していること，また開発援助が展開されている国や地域との言語も含めた歴史的関連があることなど，複数の要素を有することが職員を多く輩出している要因として考えられる。

　専門職と幹部職（Director 1レベル以上）を職位別に見るとP4レベルが最も多く全体の27.9%，次にP3レベルが続き（26.7%），幹部職のポストは12.3%である。雇用形態別では恒久雇用および継続（Permanent/Continuing）が17%，有期雇用（Fixed-term）が78%，臨時雇用（Temporary）が5%であり，有期雇用の割合が高い。幹部職以上のポストに占める人数の割合を先進国（Developed countries）・開発途上国（Developing countries）・経済的移行過程国（Countries with economies in transition）のグループ別に見ると，ASGレベル以上は先進国グループと，開発途上国グループが概ね半数ずつ占めている。数字を見ると開発途上国グループの割合（51%）が先進国グループの割合（49%）よりも少し大きいが，各グループに該当する国の数を考慮すると，より高いポストを先進国グループが占めていることが理解できる。[57] 性別で見ると，国連事務員の職員全体に占める女性職員の割合は34.1%で，幹部ポストに占める女性の割合は28.4%と低い。先進国グループでの女性職員数の割合は47.2%，開発途上国のグループでは28.5%であり，先進国グループの女性の割合が高い。ASGレベル以上

に絞ると先進国グループの女性の割合は17.9％と低くなり，逆に開発途上国グループでは約27.3％と先進国よりも高くなる。

2013年7月1日から2014年6月30日の間の離職者のうち，最も多い理由は任期満了による離職である（65.8％）。次いで辞職（15.4％），定年（11.4％）となっており，このほか（殉職等4.1％，希望退職1.8％，国連共通システム内移動1.6％）はわずかである。離職する職員の平均年齢は43.8歳で，事務局での勤務期間の平均は7.2年，国連共通システムでの勤務期間の平均は8.5年である。

▶国連職員の独立性

国連は「巨大な官僚機構」と言われるように，膨大な数の職員を有する行政機構である。国連の官僚機構としての起源は1920年に発足した国際連盟にある。国際連盟が発足するより前にあった万国通信連合や一般郵便連合などは参加する国家の集合体であり，それぞれの組織の事務局は国家から臨時に派遣されて仕事を行う職員によって機能していた。国際連盟は，42の原加盟国から構成され，1937年には当時あった67の独立国のうち63の国が加盟した政府間国際組織であった。事務局はスイスのジュネーブに設置され，総会，理事会，常設事務局で構成され運営されていたが，総会での決議は原則として全会一致を必要とし，その効力は加盟国に対して法的な拘束力はなく，勧告的なものであった。また米国やソ連といった大国は加盟していなかった。

職員については当初，連盟の理事会を代表する9カ国から派遣された公務員が事務局の仕事を分担し，事務総長も9カ国の代表が輪番制で担当するという構想が取られていた。[58]しかしその後，職員の政府からの独立性が重視されたため，1930年の国際連盟総会の決議で職員の国際的中立性が定められ，1932年に職員規則が発効され，国際公務員が国際連盟の行政の担い手としてその権利と義務が明確化された。職員の任用について，その国際性の必要を主張したのはイギリス政府代表のバルフォア（A. J. Balfour）である。バルフォアの報告書によれば，「事務局職員は，ひとたび任用されればもはや自国の奉仕者ではなく，その間は国際連盟のみの奉仕者だからである。その任務は，国家的なものではなく，国際的なものである。……既述のように，職員は，国家の任務では

なく国際的任務を負う。いかなることがあっても，その国際的忠誠という意味が弱められるべきではないのである」。黒神はこの報告が画期的であったとし，それは事務局職員が自国に対してではなく，機構に対してのみ国際的責任を負うことを明確に打ち出した点にあり，事務局職員の法的地位や身分保証の基本原則として，その後の指針になったとしている[59]。事務局で求められる人材は当該ポストの分野での職務経験が重視されており，部署によっては医療専門職員やジャーナリストなど，専門性を重視した採用がなされた。また政府からの独立性の危惧を含みながらも，職員の中には加盟国から期限付きで出向する国家公務員も含まれていた[60]。国際連盟で打ち出された事務局の設置と国際公務員の政府からの独立性を確保するという価値観は，国家公務員の出向ポストも含めてそのまま国際連合(国連)へと引き継がれることとなった[61]。

　国連憲章では職員の国際的忠誠が守られるために，「事務総長および職員は，その任務の遂行に当たって，いかなる政府からも又はこの機構外のいかなる他の当局からも指示を求め，又は受けてはならない」(国連憲章第100条第1項)と規定している。これは事務総長および職員の義務であり，次に続く項には「各国連加盟国は，事務総長及び職員の責任のもっぱら国際的な性質を尊重すること並びにこれらの者が責任を果たすに当たってこれらの者を左右しようとしないことを約束する」(国連憲章第100条第2項)と，加盟国の義務が規定されている。職員は国際公務員として働き始める際に次のような誓約に署名することになっている。「私は，あらゆる忠誠と慎重さと良心を以て国連の国際公務員としての私に与えられる職務を行うこと，及び国連のためのみを思って職務を遂行し，また自らの行動を規制すること，ならびに自らの職責の遂行に関してはいかなる国の政府または国連以外の機関からも指令を求め，若しくは指令を受けないことを厳かに誓約します[62]」。この誓約を守るためとして，職員には特権および免除を加盟国の領域内で享受することが定められている[63]。

　他方，国連機構の人事制度では職員の独立性がしばしば国家によってコントロールされる要素を含んでおり，国家は様々な方法で職員の任用に介入する。職員を任用するにあたり，国連の各機構は本国の同意を求める正式な手続きは取らないとしながら，候補者の身元照会や推薦等の人物証明，出向の要請を本

国に求めるというようなかたちで，事実上本国政府の意向が人事に反映されている[64]。このため国際公務員が国家から不利益を被るケースがこれまでに生じており，「ヤキメツ事件」はその代表的な事例である。

旧ソ連出身の国連職員だったヤキメツ氏は本国の帰国命令に従わず，国連との契約更新の承諾を得て米国に亡命した。しかしソ連代表部の圧力を受けた国連事務総長は契約更新を取り下げたため，この件は国際司法裁判所で取り上げられ，裁判の結果ヤキメツ氏の訴えは認められなかった。国際司法裁判所 (International Court of Justice, ICJ) は国際機関の組織や活動に関わる当事者間で紛争が生じた場合に解決するための機関であるが，職員の雇用関係をめぐる紛争を扱う機関として国連行政裁判所を設置している。これらの司法機関は，当事者が提訴した紛争について拘束力ある決定を下す権限を有する。判決の履行を確保するためにICJでは国連の安全保障理事会と連携しており，必要と認められた場合には安全保障理事会が判決を執行するための勧告や措置を決定することができる。当事者は原則的には国家や国際機関であるが，場合によってはヤキメツ事件のように個人を当事者とすることもある。司法機関は個人的資格で選出され活動する裁判官から構成され，選出は選挙によるため国家が関与するが，個人的能力や資質が出身国の力よりも重視される[65]。

このほかの極端な例を挙げると，加盟国の中には自国の意に沿わない職員を本国に一時帰国中に逮捕したり，帰国命令を出して帰国直後に逮捕したりする国家もある。職員が本国へ帰国中に行方不明になったケースも存在する[66]。加盟国が自国の公務員を国連機構に派遣する制度は，国家にとって人事制度を通して国連機構に対する影響を及ぼすものとして見なされる。黒神によると国際連盟時代に事務局職員の国際的忠誠を損なった一因が政府から派遣された職員が長期に任用されたことであったため，国連設立時より，限定的に利用されうる派遣制度というものが念頭に置かれていた。この派遣制度がその運用において，のちに多くの法的な問題を引き起こすことになるが，それでも主権国家から成る国連機構にとって「円滑で効率の良い機能遂行」を可能にするこの制度は国連機構と加盟国「両者の思惑の共通項に位置するもの」として位置づけられる[67]。

1−3　着手された事務局の組織改革

▶**事務総長のイニシアチブによる組織改革**

　1997年にアナン事務総長が就任すると米国をはじめとする先進諸国からの要求に沿った制度面での改革が開始され，国連に結果志向予算の導入が試みられた[68]。同年の事務総長報告「国連の再生：改革プログラム」[69]では財政改革が議論され，実質的な有効性や成果を志向する予算の提案が出された。結果志向による説明責任の確保，財務上の柔軟性，業績測定のための指標の重要性が強調されている[70]。

　2000年以降，ミレニアム宣言で新しい国連の役割が提示され，地球規模の「新しい脅威」への対応措置の中に事務局の改革が位置づけられるようになり，さらに事務局の組織改革に重点が置かれるようになった。アナン事務総長は改革に関する報告書を次々に出しているが，特に2002年の報告書では人事について新しいイニシアチブを出し，組織と職員に関する提案とそのための行動を細かく示した[71]。その内容は職員の移動の促進，一般職員の専門職への昇進機会の拡大[72]，職員のワーク・ライフ・バランス確保の支援，より良い給与や手当の提供など，人事に関してかなり細かく踏み込んだ提案が出された。

　潘基文事務総長が就任した後も国連改革は引き継がれており，2007年の国連総会の演説にて「国連のやり方を一変させ，官僚的な事務手続きから成果へと重心を移す上で欠かせないのは，忍耐力と根気，そして勇気です」[73]と成果重視がモットーとして掲げられている。また国連改革の中で移動性と機動性の高い人員体制の構築は引き続き優先課題の柱の1つとされた[74]。2012年に出された事務総長の「5カ年行動計画」[75]でも国連自体の強化として，職員の流動性が強調されると同時に，緊縮財政にある中での効率性，説明責任の強化と成果重視の国連諸機関が一体となった任務遂行が宣言された[76]。

▶**求められる専門性**

　機構改革の中でガバナンスが唱えられ，その中で「透明性」や「説明責任」という言葉が度々使用されたことは1−1で述べたが，これらは特に企業や

NGOなどの民間セクターとの関わりが強くなる中で使用され,さらに職員に求められる能力や専門性もより幅広いものとなる。

透明性や説明責任の重要性が問われやすい分野としては調達行政であるが,調達行政は企業やNGO,基金や財団との関係そのものであり,多様化するアクターとの関わりがますます強化される中,調達行政に関連する監査制度は改革項目の1つとして挙げられていた。調達行政とは行政機関が活動に必要な物やサービスを購入あるいは確保し必要としている現場に供給することである。予算調達先の内訳は機関によってそれぞれであるが,例えばWHOの2008年から2009年の予算調達先の内訳を見ると加盟国が52.3%,国連機関等が17%,基金が20.8%,NGO等が4.9%,民間企業4.9%となっている。基金とはグローバル・ファンドや世界基金,ゲイツ財団などを示し,民間企業には主に製薬会社をはじめとする保健衛生に関わる業界が含まれる。このようにWHOに限らず国連機関を構成する多くの専門機関の予算調達先は加盟国に限らず多様な主体からの提供で成り立っており,その調達先は多様である。調達内容に目を向けると,国連機関の調達は会議で使用する文具や機器からPKOで使用される空輸,車両,燃料,通信に関わる物やサービスまで幅広い。例えばWHOであればその活動で必要とされる医薬品やその輸送に必要な,あらゆる活動場面での物品やサービスが調達される。国連の調達行政における企業やNGOの役割ついて論じた坂根によると,国連の調達額は1996年から2005年の間に3倍程度増加しており,総財政の約4割近くを占めるという。[77]2005年以降も調達額は伸びており,2012年現在約154億ドルと,2005年比で2倍弱増加している。物とサービスの比率では2012年現在は物が44%,サービスが56%と2009年以降サービスが物よりも多く占めるようになった。

国連の調達方法については国連調達サービス機関(Inter-Agency Procurement Services Office, IAPSO)が1978年にUNDPの一部として設置されており,ここで国連機関の調達ガイドラインが作られ,企業国籍による差別の原則禁止,業者登録,入札,国際競争原則などの調達方法を含む規定が記されている。この規定を基に,国連の各機関は独自の方法で調達を行っている。例えば国連世界食糧計画(World Food Programme, WFP)は食糧自体やその輸送サービスに加え,

倉庫，車両等を含むその他の物やサービスが調達されているが，公正性や透明性よりもコストの効率性や手続きの迅速性を重視しており，一般入札ではなく業者登録が必要となる国際制限競争入札を主流としている。またUNICEFでは医薬品などの調達において複数年度にわたる長期契約が結ばれており，価格の圧縮および供給の安定性が重視されている[78]。企業が物やサービスを提供する一方，NGOはサービスを提供することがほとんどである。NGOのサービス調達は企業からの調達とは異なり，国連調達共通ガイドラインが適用されないこともあるという。

　このように企業やNGOへの依存度が高まる中，調達先の選定を含めた調達過程の透明性，説明責任がますます求められるようになり，国連の機構改革において監査制度の見直しが重視された。具体的には内部監査制度，外部監査制度の公開性が求められると同時にNGOによるモニタリングの制度化が提案され，政策形成や事業活動の領域に限らず国連諸機関の活動の評価にもNGOの参加が必要であるという議論が上がった[79]。事務局改革の一環として調達改革がその項目に挙げられ，国連では贈答等の受領禁止，退職後規制，取引企業に対する行動規範，不正行為の把握強化，業者側に対する制裁などの取り組みがなされている。これらに加え，内部査察担当の国連内部監査部（OIOS）の強化，調達の査察を実施する特別な調達タスクフォースの設置，UNDPや世銀でも同様に事務局側での調達の透明性のチェック機能のほか，各機関の内部査察部局，JIUや国連会計検査委員会（Board of Audits）などの外部査察組織，特別査察組織の設置，コンサルタント，外部調達専門機関が活用されるようになった[80]。このように透明性の確保はさらなる外部機関とのつながりを強化することとなっている。

　さらに監査機関の改革が必要とされるまでに調達行政が複雑化した結果，国連職員のより高い能力および技能が問われることとなった。2006年に米国のGovernment Accountability Office（GAO）は報告書を提出し，その中で国連の調達規模は急速に増加しているにもかかわらず，業務に当たる職員数に変化がなく，仕事量が急激に増加していることを問題とした[81]。業務の増加の主な理由は契約の複雑化とスキャンダルの発生であったが，業務の複雑化は国連の改革

イニシアチブによるところが大きく，職員の能力や技能が複雑な業務とその量に追いつかないという。業務の内容としてはデータ収集，分析，企画，戦略開発，モニタリングが挙げられ，これらに対応するための職員のレベルとスキルに問題があるとされている。このことは，透明性や説明責任の強化が，結果として職員により高い専門性を要求することを示している。

▶流動性の強化，不安定な雇用の増大

　事務局の改革の提案は事務局で働く職員に実際にどのような影響を及ぼしたのか。改革案の中で人事に関しては具体的にポストの削減，人事制度そのものの改善，職員の流動性の促進などが先進諸国を中心に出され，また国連事務総長によっても宣言された。財政不足が常態化する国連は，改革の実施として1998-99年予算で1000近くのポストを削減し，職員数を1980年半ばの1万2000人から約8700人にまで減らすというリストラを行った。これを実現するために部局の統合も見られたという[82]。しかし2001年から2014年の間の国連事務局の職員数の推移を見ると，増減を繰り返しながらも専門職は1万1992人[83]から1万2420人[84]に増加している。事務局だけでなく，国連共通システムでの職員数の推移を見ても2006年から2014年の間では5万6067人から7万4960人と増加傾向にある[85]。人員削減を盛り込んだ人事制度の具体的改革案は特に2000年以降に出されているが，この提案が職員数に反映されていないのは改革実施の方法として，職員の流動性の促進およびそれに伴う短期雇用に重点が置かれていることがその理由として考えられる。

　職員の流動性を実現するためには，他の機関とのネットワークを構築されることで可能となる。ネットワークは他機関と絶えず作られるプログラムやプロジェクトと結びつき，これに対応する上で職員の移動を促進することで職員の配置は地理的，組織内での垂直的配置としての広がりだけでなく，その数自体にも広がりを持つようになる。同時に，職員の雇用を有期契約にすることで組織の縮小は常に実現可能性を持つ。2006年にJIUは職員の流動性に関する報告書を提出し，その中で職員の移動の必要は職員の能力を広げるだけでなく，機関の本部とフィールドの間の職員の往来を高め，組織の柔軟性と責任を強化す[86]

るため，確実なものになったと記している。この流動性は職員の仕事やキャリアのみでなく生活にも大きく関わるため，移動を促進する人事政策に関して職員の意向が調査された[87]。調査の報告によれば，調査対象者の40.9％が流動性を高める政策について「あまり満足でない」，31.7％が「とても満足」と答えており，12.8％が政策を「奨励する」，32.9％が「全く奨励できない」と答えた。この数字についてJIUは移動を促進する政策それ自体に対する抗議の現れではないと捉えているが，政策の実行可能性や履行について全体的な懸念と不確かさがあるとした。職員から挙がった具体的な懸念として，移動先での仕事と生活について健康と安全，配偶者の仕事，元の勤務地に戻ることができるか，といったことが主要なものとして挙がっており，これらをふまえて職員が移動するに十分な誘因を含むような政策の必要性をJIUは訴えている。

　ジュネーブ国連労働組合は職員の移動を促進する人事政策について，組合は協議する権利があるとし，組織内からの候補者の優先権がない限り移動は難しいこと，フィールドから離れられなくなることは誰も望んでいないこと，職員の安全の保障，全体の職員数が変わってはならないことを主張した。

　これらの報告が出された後，2009年7月1日より国連の人事採用システムに大きな変更が加えられた。従来，職員の雇用は大きく臨時任用（Temporary），普通任用（regular），恒久任用（Permanent）の3つに区分されており，臨時任用には恒久または普通任用を志す者のための試験的任用（Probationary Appointment），あらかじめ定められた期間で勤務する期限付き任用（Fixed-Term Appointment），不定期（indefinite）が含まれていた。任期は試験的任用が原則2年間，期限付き任用は5年以下の範囲で付与され，更新が可能とされていた。普通任用は一般職または技術職員の任用で，試験的任用中に基準を満たした者に付与された。恒久任用は試験任用期間または任期付き契約として5年間の連続勤務を終え，国際公務員として適格と認められた者であり，定年までの終身雇用が付与された。恒久任用契約については新興国国民の新たな任用を困難にしているという理由から，1967年時点で問題視されており，期限付き任用を増加し恒久任用を廃止すべきだという主張があった。国連は事務局専門職員の恒久任用契約を約75％確保しようとする方針を持っていたが，1995年に新興国

からの任用を増やすという目的から恒久任用契約が凍結された。

　その後，人事体系をより簡素化し，人材の流動性を確保するという目的で2009年に臨時任用，期限付き任用，継続（Continuing）の3つに変更され，継続任用が従来の恒久契約任用に取って代わった。継続契約は，期限付き任用で一定期間良い評価を継続的に受けた場合に結ばれる。継続任用は一見凍結されていた恒久契約任用と同じ雇用形態のように見えるが，継続契約は一定の条件のもとに契約が打ち切られる可能性を含んでいるため恒久契約とは異なるものである。

　恒久契約任用の廃止だけでなく，2009年の改革は臨時任用の条件にも変更を加えた。それは職員にとってより厳しいものであり，雇用期間を1年に制限した上（例外は2年），1年間の勤務後に3カ月の休暇を取ることを義務づけたのである。また専門職職員の昇進について，P5以上のポストに申し込む場合は地理的移動を伴う必要も出された。ジュネーブの組合は，これらの新しい条件が職員にとって大変有害で，職員に不安を与え，連続した職務をこなせなくなってしまうと訴えている。[88] 組合の報告によると休暇期間は年金の加入期間に算入されず，医療保険は停止し，当該国での滞在許可証も回収されるため，職員はスイスから出国しなければならず，子どもがいる場合は学校での在籍の問題にも関わるという。

　職員の流動性を強化する人事制度改革はジュネーブの組合が訴えるように，職員の雇用条件を不安定にするだけでなく，職員の間の競争を促すことにもつながる。恒久雇用が廃止された現在，空席公募には契約が終了する（または終了した）職員が集中する。それは国連共通システム内だけでなく，加盟国の公務員やNGO，民間企業で働く人といった全ての人に開かれている。コストが削減され即戦力が求められている以上，当該分野での職務経験は長いほど有利となっている。流動性が強調されるほどポスト獲得における競争も激しさを増すことは，組合が組織内の職員の採用を優先するよう訴えていることからも明らかである。

▶新公共管理（NPM）の影響

　このように進められている国連の機構改革をどのように理解できるだろう。国連の組織改革を実施する上で、アナン国連事務総長はNew Public Management（NPM）から影響を受けていると見られている[89]。日本語で「新公共管理」と訳されているNPMは、行政機関の改革に関する議論の1つとして英国の行政学者フッド（Christpher Hood）よって提唱されたものである[90]。1980年代以降英国や米国などの先進国で進められた「小さな政府」の延長にある行政改革の諸特徴の傾向を説明したものであり、特に英国のサッチャー（Margaret Thatcher）政権が積極的に推進した改革がその事例としてしばしば挙げられる[91]。フッドはNPMの諸特徴として、専門家による行政組織の実践的な経営、業績の明示的な基準と指標、より一層の結果統制の重視、公共部門におけるユニット分解への転換、公共部門における競争を強化する方向への転換、民間部門の経営実践スタイルの強調、公共部門資源の利用に際しての規律・倹約の一層の強調を挙げた。「公的部門への経営的手法の導入」を特徴とするNPMは、それ自体で効率性志向を生み出すことでもある[92]。公的部門が市場競争にさらされるようになったことで、より効率的と判断されればNGOなどを含む私的部門が公共サービスの提供主体となり、その結果企画立案と執行の分離による「エージェンシー化」が進む[93]。

　国連が担う公共サービスがNGOなしに実現しないことはすでに確認したが、ここまで見てきた国連が進めている組織改革のあり方はNPMの影響を受けていると言える。一方でNPMは経済的な効率性の追求に留まらない公共志向の部分も含むものであるとの見方があるものの[94]、他方では公平性を重視する管理よりもむしろ効率性を重視する経営である。このことから、経済効率性を追求する要素が含まれているため、「高度にイデオロギー的性格を持つもの」との捉え方もされており、NPMを導入した改革はネオリベラルな政治勢力によって支持される傾向にあることが指摘されている[95]。いずれにせよ、NPMで重視される行政組織運営のあり方は民間企業の経営理念や手法を可能な限り取り入れて行政部門の効率化、活性化を図るものであり、行政改革を求めるガバナンスへと通じている。

本章では国連がグローバル・ガバナンスのアクターとして自らを位置づけ，複数性の重視を強化したが，同時に国連自体のガバナンスが問われることとなり，国連が機構改革を一層進める必要に迫られるようになった過程を見た。機構改革の実施は事務総長の主導により機能面，制度面で取り組まれたが，財政が緊縮される中，NGOや民間企業への依存が高まり，監査機関が強化された。透明性を確保する上で示された職員の流動性の促進は効率性を求める。人事制度は改革項目の中で次第に重要度を増し，NPMを志向する政策がとりわけ重視され，その結果職員の採用は，その大部分が有期雇用という不安定な条件のものとなった。しかし職員数は現時点で大幅な削減はなく，事務局に限ればむしろ増加しており，この人事制度の変更が組織運営にとってどのような「効果」を持つのか判断するには，今後より長期的な検討を続ける必要がある。一連の機構改革の実施およびそのアピールが，国連にとってグローバル・ガバナンスのアクターとして自らを位置づけ，その正当性を主張する上で有効であったと言える。

　改革を支えるシステムは先に見た監査機関の強化などが挙げられるが，調達行政の改革については国連の窓口をその名の通り1つにして被開発援助国の行政機構とやりとりをするという"One UN"（ワン・ユーエヌ）が挙げられる[96]。2007年に打ち出された政策であるが，この中で様々な試みがなされており，国連組織による協同調達を通じたコスト削減の実現のケースも報告されている[97]。また人事制度改革に見られる流動性を支えるものの1つとしては国連共通システムがある。このシステムを人事制度改革に活かすために，2005年の国連システム幹部委員会 (United Nations System Chief Executives Board, CEB) は機関の間で取り決められた職員の移動，派遣，出向に関する協定を，国連共通システムの給与や手当に関する規程に取り替えたことを報告した[98]。

　職員がいかにこれらの改革を受容しているかという点については第3章で検討するが，その前に次章で国連職員の人事や仕事に関係する加盟国に焦点を当てる。第3章で検討する国際公務員として日本人を対象とするため，次章ではその出身国である日本を取り上げ，国連との関係，国連の改革および人事制度への関わりについて見る。

注

1) International Telegraph Union (ITU)．1932年に国際電気通信連合International Telecommunication Union (ITU) となる。
2) 1878年に万国郵便連合 (Universal Postal Union, UPU) となる。
3) D. Held, A. AcGrew, D. Goldblatt and J. Perraton, *Global Transformations*, California, Stanford University Press, 1999, p. 43. ただしヘルドらは1990年代以降議論されている「政治のグローバル化」に伴い，ガバナンスもグローバルなものとなり，意味するものが変化していると論じている。
4) 1945年2月に行われた米国，英国，ソビエト連邦による首脳会談。ソ連の対日参戦，国連の設立，ドイツおよび中・東欧における米ソの利害の調整についての会談。
5) 米国サンフランシスコで開かれた「国際機構に関する連合国会議」。50カ国の代表が集まった。憲章の署名に加わったのは51カ国。
6) 非加盟国であるバチカンは常任のオブザーバーとして投票権を除く全ての権利を有しており，パレスチナもバチカンと同様にオブザーバー国家として認められた。国連総会オブザーバーにはNGOなどが挙げられる。総会での投票権はないが演説は認められている。
7) 例えばユネスコ憲章はその前文で「戦争は人の心の中で生まれるものであるから，人の心の中に平和の砦を築かねばならない」と記している。
8) 横田洋三「グローバル・ガバナンスと今日の国際社会の課題」総合研究開発機構編『グローバル・ガバナンス：新たな脅威と国連・アメリカ』日本経済評論社，2006年，7頁。
9) 内田孟男「グローバル・ガバナンスと国連：事務局の役割を中心に」内田孟男・川原彰編『グローバル・ガバナンスの理論と政策』中央大学出版部，2004年，18頁。また田所・城山 (2004) は「最も普遍的で最もよく国際社会の公共性を代表し，これまでの歴史で最も権威有る国際的な制度」(86頁) としている。
10) The World Bank, *Sub-Saharan Africa from Crisis to Sustainable Growth*, 1989, p. XII.
11) 下村泰民「経済発展とグッド・ガバナンス」『国際協力研究』Vol. 14 (1), 1998年，2頁。
12) United Nations Development Programme, *Human Development Report*, 2002.
13) 指標の項目は大きく分けて健康保健，教育，経済，環境，人間の安全保障，

ジェンダー，人権となっている。政治参加に関してはジェンダーの項目において「女性の政治参加」があるが，別の項目で明白に関連するものは見当たらない。

14) The Commission on Global Governance, *Our Global Neighborhood*, 1995.（京都フォーラム監訳『地球リーダーシップ：新しい世界秩序をめざして』日本放送出版協会，1995年）

15) 内田孟男「グローバル・ガバナンスにおける国連事務局の役割と課題」日本国際連合学会編『グローバル・アクターとしての国連事務局』国際書院，2002年，11頁。

16) A. Irie, *Global Community: The role of international organizations in the making of the contemporary world*, California, California University Press, 2002.（篠原初枝訳『グローバル・コミュニティ：国際機関・NGOがつくる世界』早稲田大学出版部，2006年，64-65頁）

17) 国連の主要機関の1つ。経済問題と社会問題を担当し，教育や保健，人権分野において勧告を行う。多分野に及ぶため，多くの補助委員会が設置されており，国連機関に含まれる専門機関や計画，基金と密接な協力関係にある。

18) 国連広報センター，「国連憲章」(http://unic.or.jp/information/UN_charter_japanese/)。

19) Irie, 前掲訳書，57-58, 67-71, 97, 121頁。

20) 国連広報センター，「国連とNGO」(http://unic.or.jp/information/UN_economic_and_social_council/)。

21) 内田は「地球公共政策」について「共通のまたは補完的な関心ごとに対処するために，すべての国家が当事者となる共同努力である」とするマービン・ソルースの定義に「国家が参加する共同努力だけではなく，他の非国家アクターの参画を地球公共政策の必要条件」として加えている（内田孟男「新たな地球公共秩序構築へ向けて：国連の役割に関する考察」『国際政治』(日本国際政治学会) 第137号，2004年，12-29頁）。

22) 「排除的メカニズムの産物」である安保理と「先進国の意向を最大限反映し，ブレトンウッズ機関の支援を必要とする途上国の立場は軽視されざるを得ない」IMFとWBの政策決定については除かれる（内田，同上書，19頁）。

23) 内田，同上書，18-19頁。

24) 大芝亮「グローバル・ガバナンスと国連」総合研究開発機構編『グローバル・ガバナンス：新たな脅威と国連・アメリカ』日本経済評論社，2006年，326頁。

25) 例えばグローバル・ガバナンスとの関連での報告はUnited Nations, *We the Peoples: Civil society, the United Nations and global governance*, Report of the Panel of Eminent Persons on United Nations-Civil Society Relations, A/59/354, 13。
26) 例外として政府，労働者，使用者の三者構成を取るILOは労働者代表と使用者代表も最終的な意思決定に参加する。
27) The Commission on Global Governance，前掲訳書，308頁。
28) UNGC Japan HP（http://www.ungcjn.org/gc/index.html）。
29) 同上。
30) 菅原絵美・前田幸男「企業の社会的責任と国連グローバル・コンパクト：サプライチェーン・マネジメントにみる企業と人権の関係構築」日本国際連合学会編『新たな地球規範と国連』国際書院，2010年，99頁。
31) 三浦聡「国連グローバル・コンパクト：グローバル・ガバナンスの新たなモデル」『ジュリスト』No. 1254, 2003年。
32) 最上敏樹『国際機構論』東京大学出版会，2006年，120-121頁。
33) ピアソン委員会報告書，ジャクソン報告に代表される。
34) 第3世界による国連での主張，ガードナー報告，ブラント報告など。
35) Nordic U. N. Projectの1991年報告書およびNordic U. N. Reform Projectの1996年報告書。
36) 大芝亮「グローバル・ガバナンスと国連」総合研究開発機構編『グローバル・ガバナンス：新たな脅威と国連・アメリカ』日本経済評論社，2006年，300-301頁。
37) 蓮池郁代「国際連合とグローバル・ガバナンス：国際連合における管理型アカウンタビリティーの概念の次元」『一橋法学』（一橋大学大学院法学研究科）第5巻第2号，2006年，597-598頁。この論文の中で国連におけるアカウンタビリティー概念の推移が検討されており，国連創設から1982年を「合規性のアカウンタビリティー」（「プロセス・アカウンタビリティー」）の第Ⅰ期とし，内部プログラム評価が制度化される前段階としている。続く1982年から2002年を第Ⅱ期とし「プログラム・アカウンタビリティー」の概念が該当する時期，続く2006年までの時期を結果志向型予算方式が漸進的に導入され，「業績志向型アカウンタビリティー」概念が該当する第Ⅲ期として区分している（610頁）。このことから，国連はガバナンスという言葉が使用される以前からアカウンタビリティーを内部評価の指標としていた。
38) United Nations, *Investing in the United Nations: For a stronger organiza-*

tion worldwide, Report of the Secretary General, 2007. (A/60/692)

39) The Four Nations Initiative on Governance and Management of the UN, *Towards a Compact: Proposals for improved governance and management of United Nations secretariat,* Stockholm, the Four Nations Initiative, 2007.
40) 横田洋三『国際機構論』国際書院，2002年，46-50頁。
41) 機構によって名称は異なり，「総会」のほか，機構ごとに「大会議」や「全権委員会議」などと呼ばれている。
42) 横田，前掲書，72頁。
43) 総会，安全保障理事会，経済社会理事会，信託統治理事会，国際司法裁判所，事務局の6機関。
44) 高野雄一『国際組織法』有斐閣，1975年，251頁。
45) 高野，同上書，251頁。
46) 国連広報センター2012年4月20日現在（http://unic.or.jp/information/understanding_the_UN/）。
47) 外務省「2010 - 12年国連通常予算分担率・分担金」2012年1月時点のもの（http://www.mofa.go.jp/mofaj/gaiko/jp_un/yosan.html）。
48) 田所・城山，前掲書，6頁。
49) 国連憲章第101条第1項。
50) 黒神直純『国際公務員法の研究』信山社，2006年，57-63頁。
51) ICSC/1/Rev.1
52) オランダは自国出身者に加え，開発途上国出身者に対しても援助の一環として拠出金を負担している（横田，前掲書，101頁）。
53) 横田，同上書，96頁。
54) 2014年6月時点での資料（UN General Assembly A/69/292）。
55) PKO要因は含まれていない。
56) 福田耕治『現代行政と国際化』成文堂，1990年，196頁。
57) 国連のカテゴリーによれば，先進国のカテゴリーには北米，欧州，日本，オーストラリア，ニュージーランドが該当し，経済移行国グループには18カ国が該当する。これ以外の国は開発途上国のカテゴリーに該当する。
58) 宮崎繁樹「国際公務員の労働争訟」『法律論叢』（明治大学法律研究所）第58巻第4-5号，1986年，399-400頁。
59) 黒神直純『国際公務員法の研究』信山社出版，2006年，17頁。
60) C. H. Ellis, *The Origin Structure and Working of the League of Nations,* Clark, The Lawbook Exchange, 2003, pp. 195-196.

61) 日本は国際連盟の常任理事国であったが1933年に脱退を表明し（正式脱退は1935年），さらにドイツ，イタリア，中南米の多くの国が脱退したため国際連盟は1930年代後半には機能不全に陥った。
62) United Nations Staff Rules: ST/SGB/2009/7（訳は国際機関人事センターによるもの）．
63) 国連憲章第105条第2項。事務局職員の特権は1946年に発効した「国際連合の特権と免除に関する一般条約」の中に細かく規定されている。
64) 位田隆一「国際連合と国家主権：国際機構の自校生と国家主権によるコントロールの対峙」『国際法外交雑誌』（有斐閣）第90巻（4），1991年，27頁。
65) 横田，前掲書（2001年），82頁。
66) 同上書，30頁。
67) 黒神，前掲書，97頁。
68) 城山英明「国連財政システムの現状と課題：多様な対応とマネジメントの試み」国際連合学会編『グローバル・アクターとしての国連事務局』国際書院，2002年，209頁。
69) United Nations, *Renewing the United Nations: A programme for reform*（A/51/950）．
70) 城山，前掲論文，210頁。
71) United Nations, *Strengthening of the United Nations: An agenda for further change*, Report of the Secretary-General, section V.（A/57/387）
72) 職員の移動については単に場所の移動だけでなく，基金やプログラム，専門機関といった機関間の移動も含まれている。
73) 国連広報センター（http://unic.or.jp/new/pr07-090-J.htm）。
74) United Nations General Assembly, "Remarks to the General Assembly on 2011 Priorities"（http://www.un.org/apps/news/infocus/sgspeeches/search_full.asp?statID=1044）．
75) United Nations, *The Secretary General's Five-Year Action Agenda*, 2012.
76) この中で「職員のモビリティーに関する政策を推し進め，グローバルな事務局に裏打ちされた，近代的で多機能な労働力の構築を図」ると表現されている。
77) 坂根徹「国連システムにおける調達行政の意義と企業・NGOの役割」日本国際連合学会編『国連研究の課題と展望』国際書院，2009年，178頁。
78) 同上書，181-182頁。
79) 大芝，前掲論文，326頁。
80) 坂根，前掲論文，179頁。

81) U. S. Government Accountability Office, *United Natons: Weakness in internal oversight and procurement could affect the effective implementation of the planned renovation*, 2006. (GAO/06/877T)

82) 福田耕治『国際行政学：国際公益と国際公共政策』有斐閣，2003年，227-228頁。

83) United Nations, "Composition of the Secretariat: staff demographics, Report of the Secretary General", 2010. (A/65/350)

84) 国際機関人事センター資料 (http://www.mofa-irc.go.jp/shiryo/dl-data/Information_and_Guidance_2014.pdf)。United Nations General Assembly. (A/69/292)

85) United Nations General Assembly. (A/69/292)

86) 「より多様な能力を持ち，複数の技能を持つこと，国際公務員としての経験を積む事」とされており，これらの能力を強化することはより職員の移動を高めることと示されている (Joint Inspection Unit, "Staff mobility in the United Nations", 2006)。(JIU/REP/2006/7)

87) 同資料。

88) United Nations Office at Geneva Staff Coordinationg Council, "Staff Representatives' Corner", June 2010.

89) 蓮生郁代「国際連合とグローバル・ガバナンス：国際連合における管理型アカウンタビリティーの概念の次元」『一橋法学』(一橋大学) 5 (2)，2006年，595-639頁。

90) C. Hood, "A Public Management for All Seasons?", Public Administration, 69 (1), 1991, pp. 3-19.

91) 宮崎文彦「『新しい公共』における行政の役割：NPMから行政支援へ」『公共研究』(千葉大学) 第5巻第4号，2009年，194-195頁。

92) 宮崎，前掲論文，196頁。

93) また福田 (前掲書 (2003年)，91-92頁) によれば，NPMの導入によって従来の［政策形成 (Plan) →政策執行 (Do) →政策評価 (See)］のサイクル型の政策循環過程として捉えられてきた政策過程は成果志向の直線型 (Line and End) の政策過程へと変化しつつあるという。この成果志向型の過程において，事前評価，中間評価，事後評価というように政策過程のあらゆる段階で評価が行われるようになった。使用される評価のガイドラインは様々であるが，その項目はOECDの小委員会である開発援助委員会 (DAC) の上級委員会によって定められており，妥当性，目標達成度，効率性，影響，自律発展性の5つが指

標として用いられているという。
94) 宮崎，前掲論文，202-204頁。
95) L. R. Geri, "New Public Management and the Reform of International Organizations", *International Review of Administrative Sciences*, Vol. 67, 2001, p. 449.
96) 猪口孝・三上了「ガバナンスと国連千年紀開発目標：ワン・ユーエヌ指導下の8カ国の実証分析」『公共政策研究』(日本公共政策学会) 第7号，2007年，29頁。
97) 前川美湖「国連マネジメント改革：Delivering as One イニシアティブの分析・評価と国連機関の援助効果を高める上での課題」2012年，外務省での研究会報告 (URL: http://www.mofa.go.jp/mofaj/gaiko/jp-un/pdfs/2012.itaku-120525.pdf)。
98) JIU，前掲資料。(JIU/REP/2006)

第2章　日本から国連への両義的アプローチ

2-1　対国連外交のあゆみ

　前章では国連が機構改革を通して組織のガバナンスを進めるプロセスを確認した。すでに見たように，国連で働く職員は加盟国からの派遣職員を含め，その出身国は様々であり，国連の人事制度そのものに加盟国が関わっている。機構改革が国際公務員与える影響を検討する前に，本章では国連の加盟国である日本に目を転じ，日本が国連との関係の中で国連の人事制度にどのような働きかけを行っているのかを確認する。日本政府は国連の加盟国として，日本人国連職員を増加させることに近年力を入れている。前章で見たようにグローバル・ガバナンスは国連の人事制度に変化をもたらしたが，加盟国として日本はその変化にどのような対応をしているのか検討する。まず日本と国連の関係を概観することから始める。

▶国連加盟から，人間の安全保障の担い手になるまで

　日本は国連の加盟国であるが，加盟国であることで日本が享受する国益として挙げられる点は外交的観点からのメリットである[1]。とりわけ安全保障を日米関係に依存している日本にとって，国連は重要な外交の場を提供する。また感染症や環境問題への対応も周辺地域の安定および多国間関係での協力が必要となるが，これらの問題についても国連を通して積極的に関わることで，日本が国際社会で存在感を示すことにつながる。しかし国連が発足してすぐに日本は加盟国となった訳ではない。1945年の敗戦で日本は外交権を含む国家主権を失うが，戦後まもなく連合国総司令部（GHQ）の指令を国内法令化し実施する

ため外務省も含む日本政府が設置され，GHQとの交渉が行われていた。その内容は主に占領軍による直接統治を避け，統治を天皇と日本政府を通した間接統治とすること，憲法改正を中心とした諸制度変革についての交渉，そして独立後の安全保障のあり方についての交渉であった。[2]その結果，天皇制が存続し1946年に公布された日本国憲法において天皇は「象徴」とされ，「戦争の放棄」の証として非軍事化が明記された。1952年に日本は独立を果たすが，日本国憲法は非武装を謳うため，自主防衛力が除去された日本の防衛は国連に委ねるとしながらも，それが十分機能しない場合に備えてサンフランシスコ講和条約と同時に日米安保条約が結ばれた。[3]この条約の締結によって連合国軍は日本から撤収し，残った米軍に対して日本は基地をはじめとする施設や土地を提供することとなった。[4]

　世界情勢が東西陣営に別れる中，1950年代は日本が国連機関への加盟を通して国際社会に現れた時期であった。1951年にILO，国連食糧農業機関（FAO），UNESCO，WHOなど専門機関への（再）加盟を果たした。続く1952年には国際通貨基金（IMF），国際復興開発銀行（IBRD）へ，翌年には国連児童基金（UNICEF），国連パレスチナ難民救済事業機関（UNRWA）に加盟し，世界銀行の主要借入れ国となる。1955年にはのちに世界貿易機関（WTO）となる関税および貿易に関する一般協定（GATT）に正式加盟した。このように日本は国連に先行して多くの専門機関へ徐々に加盟し，1956年に国際連合（国連）への加盟を果たした。加盟国の思惑が交差する中，その実現は決してスムーズなものではなく，しばしば日本にとって「悲願の」加盟と表現される。

　加盟後すぐに，国連は日本の外交政策の重要な柱として位置づけられた。1957年から外務省によって発行されている「外交青書」の中で，外交3原則が打ち出され，その1つに「国連中心主義」が一番に掲げられた。[5]「国連中心主義」はその後2年間外交3原則として挙げられていたが，早くも1959年にこの言葉は「外交青書」から見られなくなった。代わりに「自由民主主義諸国との結びつき」が強調され，日本は米国との関係および経済に重点を置いた外交を進めることとなる。安保反対を主張するデモやストライキが多発する中，1960年に日米安保改定交渉は新条約を発効し，その中で米国の日本防衛義務や国連

と日米安保条約の関係が明記された。

　その後日本は所得倍増計画のもとに急速な経済成長を遂げ，1980年に日本のGNPは世界の10％を占めるまでになった。国連分担金の拠出額は加盟当時に全体の1.97％であったが，経済成長に伴い1983年には10％を超え，国連の中で日本は経済大国としての存在感を示すようになる。この間，経済分野から開発分野まで新たに設置された専門機関へ日本は次々に加盟することとなる。1960年代には国連工業開発機関 (United Nations Industrial Development Organization, UNIDO)，UNDP，世界食糧計画 (World Food Programme, WFP) などが挙げられる。またこの時期には国連専門機関以外でもOECDへの加盟 (1964年) や東京オリンピックの開催，1965年には日韓基本条約の締結など国連の枠組み以外でも日本が外交を通して国際社会に向けて自らを開いた時期でもあった。続く1970年代には国連人口基金 (United Nations Population Fund, UNFPA)，国際農業開発基金 (International Fund for Agricultural Development, IFAD)，国連大学 (United Nations University, UNU) などが発足し，これらにも日本は発足時から加盟しており，UNUは日本に設置された。日本外交全体に目を向けると1970年代は日中共同声明，日中平和友好条約が締結され，中国との国交が回復している。また石油危機を機に親米を保ちながらもアラブ諸国との関係構築，また東南アジアとの関係強化が重視されるようになった。対国連外交を担うのは外務省であるが，国連が担うグローバルな問題が多岐にわたるようになり，それに対応した専門機関を設置する過程で，日本国内においても外務省に限らず当該イシューに関わる省庁が国連専門機関と直接に関係を持つようになった。具体的にはこれらの機関への予算の設置や，日本から国家公務員を派遣するなど技術協力という意味での人事を通した関係が結ばれた。

　1982年に発足した中曽根政権は，従来の日米関係を重視し「日米は運命共同体」と語りレーガン大統領と親密な関係を構築したが，1980年代に日米貿易摩擦は深刻化した。中曽根首相は「国際国家」という言葉を多く使用し，韓国や中国，東南アジアを歴訪したが，それは首脳間の個人外交を特徴としており，「経済大国から総合的な国際国家への脱皮は十分でなかった」と指摘される。1989年にベルリンの壁が崩壊し，冷戦構造の中で構築されてきた日米関
6)

係は安全保障の面で変化を見せ，それが表面化したのは1991年の湾岸戦争においてであった。日本は自衛隊を派遣する法整備ができていなかったため，多額の経済的支援のみを実施したが，相手国からは日本が期待した反応を得ることができなかった。この件は経済力による外交のあり方を見直す国内での要求を強め，平和維持活動のために自衛隊を海外へ派遣する法整備が進められることとなった。その結果，1993年に国連PKO参加のため自衛隊がカンボジアへ派遣された。また2001年に発生した9.11テロの影響から「テロ対策特別措置法案」がまとめられ，3週間で成立した。湾岸戦争後のPKO法案成立過程からテロ対策に至る過程で，安全保障政策において防衛省の存在が強くなっている。さらに内閣官房の機能が強化され，外務省はテロ対策措置法，2003年に成立したイラク特措法の法案作成で主導権を握れなかった。

　国家の安全保障に関するこのような動きの中で，国際社会での新たな外交路線を模索する外務省は「人間の安全保障」に注目するようになる。この「人間の安全保障」概念は冷戦後の世界で見られた紛争や難民，対人地雷，小型武器等の問題に加え，経済のグローバル化が進む過程で生じている格差の問題や環境問題，感染症の問題を対象としている。従来の安全保障，すなわち国家が自国の領域と国民を守るという安全保障の考え方から，人間一人ひとりに焦点を当てた安全保障の考え方である。人々が直面する恐怖や欠乏に対応するアプローチとして1993年のUNDP「人間開発報告」で「人間の安全保障」の必要性が言及され，翌1994年の年次報告でその概要が具体的に記述された。この中で人間の安全保障は飢餓，疾病，抑圧等の恒常的な脅威からの安全確保と，日常の生活から突然断絶されることからの保護を含む包括的概念として提示された。ODAの中に組み込まれる形で，開発途上国を対象とした活動が見られるが，その多くが国連機関との連携で行われている。その後ILOやWHOなどの国連機関や日本やカナダなど，人間の安全保障を重視する国家がこの概念を取り込んだ開発政策を展開しようと試みている。とはいえ，国連機関によって，また国家によってこの概念の捉えられ方は微妙に異なっており，各機関や国家がそれぞれの目的に応じてその意味を定義している[7]。

　日本国憲法は紛争解決のための武力行使を放棄しているため，PKO活動に

自衛隊の海外派遣が困難であったことから，日本政府はこの概念を人道介入とは別の射程に置き，「欠乏からの自由」として使用している。これはUNDPの路線と一致しており，飢餓の撲滅や人間中心の開発などの要素が含まれている。日本政府が「人間の安全保障」について言及したのは1998年に小渕首相がハノイで行った演説「アジアの明るい未来の創造にむけて」に始まる。その後，国連ミレニアム総会でのアナン国連事務総長の演説を受け，森首相が「人間の安全保障」を日本外交の柱に据えることを宣言し，翌年には「人間の安全保障委員会」の創設が発表された。人間の安全保障委員会は緒方貞子国連難民高等弁務官と経済学者であるアマルティア・センが共同議長に就任し，同委員会から人間の安全保障の概念構築や国際社会が取り組むべき方策について2003年に提言が出された。具体的な活動として，人間の安全保障の概念構築を目指すシンポジウムの開催や世界的普及の活動費のために「人間の安全保障基金」が国連に設置され，日本はこの基金に2007年までに累計35億円を拠出し，さらに「草の根・人間の安全保障無償資金協力」として110億円を2006年に計上した。草の根・人間の安全保障無償資金協力は開発途上国の地方自治体や現地で活動するNGOを支援する資金協力である。さらに日本はそれまでの開発途上国に対する支援のあり方への反省から2003年にODA大綱を改定し，人間の安全保障の視点がODAの基本方針の1つに加えられた。このように日本の対国連外交は，経済的貢献への集中から人間の安全保障という，人権に重きを置いた開発分野での存在感を強化しようとする傾向が見られた。人間の安全保障は日本をはじめカナダやノルウェーといったいわゆる中間国を中心に積極的に使われたが，その他の国が積極的に人間の安全保障をめぐる取り組みをしているわけではなく，広がりを持っているとは言いがたい状況でもある。しかし人間の安全保障を重視することで，日本の外交政策における国連の位置づけは強化されたと言える。

▶財政的貢献

　第1章で見たように，国連の予算のほとんどは加盟国からの拠出金によって確保されている。その負担額は人事制度に関わっており，より多くの予算を負

担する国からより多くの職員が採用されるというものだ。日本の2010年から2012年の国連通常予算分担率は米国に次ぐ全体の12.5％を占めており（23頁の表1.1），[8] 金額では2億9600万ドル負担している。分担率の推移を見ると加盟当初の約2％から経済成長を遂げた1980年代に10％を超え，1990年代の終わりには20％に達したが，その後減少傾向にあり現在の12.5％へと推移している。日本は国連分担拠出金に加え，任意拠出金によって賄われる機関へも資金を提供している。ODA白書によると2011年度の政府開発援助予算額は5727億円であり，このうち国連諸機関への出資，拠出は683億円となっている。[9] PKO予算は国際情勢により変動的であるが，2009年の日本のPKO分担額は9億5275万ドル[10]と国連通常予算よりも大きい。その分担率の推移は国連の通常予算分担率同様の傾向を示しており，1989年代に11.4％，1999年に20％に達し，2000年をピークに減少して2012年現在12.5％となっている。[11]

　国連への予算の拠出は外務省に限らずそれ以外の省庁も担っている。経済の分野では，戦後日本が世界銀行やWTOに参加し経済成長を遂げる中で，外務省に限らず通商産業省（当時）が外交においても重要な役割を担うようになった。また1990年代以降行政機関の国際化は機構改革の中でも強調されていたことであり，湾岸戦争後のPKO法が施行に至る法案審議の過程では外務省に限らず防衛省，警察庁からなる有事法制検討チームが設置されていた。さらに日本が「人間の安全保障」を外交の柱に位置づけたことで，国連の専門機関を中心に開発援助，人権・人道，環境・資源，気象，保健，教育などを担う機関と，これらの専門性の高い分野に対応する国内行政機関との関係が結ばれた。例えば開発援助行政には外務省，大蔵省（当時），経済産業省（経産省），農林水産省（農水省），国土交通省（国交省），厚生労働省（厚労省），文部科学省（文科省）と複数の省庁が関わった。また各省庁内部における担当部署も分化しており，窓口部署と実質的担当部署が分化している場合もあること，さらに行政面と政策・政治面での担当部署が分化していることも多いことが指摘されている。[12]

　国連への拠出金のほとんどが外務省によって担われており，国連本体やFAO，WTO等の通常予算分担金は外務省予算に位置づけられている。しかし外務省以外の省庁も国際機構に予算を提供しており，IMO，ICAO，WMOの

担当は国交省，ITU，UPUは総務省，WHO，ILOは厚労省，世界銀行，IMF，アジア開発銀行は財務省というようになっている。省庁によっては複数の機関に予算を拠出しており，負担額の大きさを見ると，最も多く負担している外務省は2010年度の分担金および義務的拠出金（ODA・非ODAの合計）は約1522億5000万円にのぼる。外務省の次に多く拠出している厚労省は約132億円，次いで文科省（約22億円），国交省（約20億円），総務省（約12億）となっている。拠出先を見ると，外務省の分担金の中で最大を占めるのは約743億8000万円のPKOであり，次に国連（約185億円），FAO（約80億円），IAEA（約62億円），ユネスコ（約47億円），OECD（約37億円），ICC（約31億円）である。厚労省はWHOに約73億円，ILOに約57億円を提供している。このほか文科省は国際核融合エネルギー機構（約14億円），国交省はWMOに約9億円，ICAOに約8億円負担している。このように国連機関への分担金の拠出は外務省に留まらず，広く行政機関が担っており，各省庁が当該専門機関などとつながりを複数持っている。

▶国連改革をめぐる日本の主張

　日本政府は国連およびその専門機関や補助機関に積極的に加盟し，各機関に対して特に財政面で大きく貢献してきたが，前章で見たように国連の機構改革の議論の中で財政緊縮は大きなテーマの1つであった。日本はどのような姿勢を示し，働きかけを行ってきたのか。国連分担金をめぐる国内の議論を見ると，国連加盟当初から70年代まで国会では国連分担金を「より多く拠出すべきだ」との意見で与野党が一致している。1970年以降になると，分担金の大きさとその「見返り」としての常任理事国入りや国連で働く日本人の数の問題が関連づけられるようになるが，それでも1972年の時点では分担金を「もっとふやしていいと思う」，「日本の経済力から言うならば，他国に比較すれば少ない金額である[15]」というような，拠出金額を増やすべきという雰囲気が政治家の間でも主流であった[16]。1975年頃から徐々に拠出金の使い道が問題とされるようになる。その背景にはPKOへの拠出について，軍隊の派遣に関わる財政的寄与が人の派遣とどう違うのかという問題に加え，分担金を滞納する国が目立

ってきたという点があった。

　1980年代に入ると日本の国連分担金が上昇を続けたため，国内では国連での「日本の発言権の確保」[17]の必要性が訴えられるようになった。さらに国連のガバナンスが問題とされ，財政緊縮や機構改革が着手されるようになる1990年代には，分担金の大きさについて「我が国の国際的力量」[18]と受け入れつつも，その大きさに「ふさわしい処遇」[19]として日本人職員数の増強，常任理事国入り，敵国条項の削除が国内での議論の争点であった。「湾岸戦争での外交の失敗」の声もあり，翌年の衆議院本会議では，日本がこれまで国際社会での政治的な役割を避けてきたこと，この態度を改める必要があること，そのための法整備が必要だとの指摘が野党から出ている。また同時に日本の分担金が「はたして多いといえるか」，「どうせ出すならば文句を言わずにきちんと出す」といった意見も出ている。このように国内で徐々に分担金の大きさとその対価が問われるようになり，2000年に入ると日本は自国の分担率が高すぎるという認識を示した上で，分担率の算出法の見直しを国連で主張し始めた。その結果，2000年代に日本の分担率は下げられた。これに合わせ，日本は他の常任理事国の分担金の下限設定の提案も行っている。

　財政面のほかに国連の機構改革に関する日本の働きかけといえば，安保理改組がその中心的案件として位置づけられる。かねてから5カ国のみによって構成される常任理事国の非民主制は開発途上国が問題視していたが，冷戦が終結した1990年代に入ると日本やドイツなども常任理事国入りを求め始めた。1997年にラザリ国連総会議長による常任理事国の増加（先進国から2カ国，途上国から3カ国，非常任理事国は4カ国），および新常任理事国には拒否権が与えられないという案が有力視されたが，結局この案は通らなかった。日本が本格的に安保理改組に取り組み始めたのは2004年頃からであり，「安保理改革なくして国連改革なし」というスローガンのもと，安保理改組を主張した[20]。2003年にアナン事務総長によって設置されたハイレベル・パネルには緒方貞子国連難民高等弁務官が任命され，日本政府はパネルの活動に資金的な支援を行うなど，積極的な働きかけを行った。また日本は常任理事国入りを目指すドイツ，インド，ブラジルとともにG4というグループを結成し，キャンペーンを行ったが，

これらの国の常任理事国入りを反対する中国や，イタリアやパキスタンなどの国からなるグループ，アフリカ連合の支持が得られずG4決議案は採決に至らなかった。一連の安保理改組に向けた動きを通して，安保理改組と国連改革が必ずしも同義ではなく，安保理改組が安保理および国連全体の機能強化につながる訳ではないということ，改組を行っても特定の国に拒否権が与えられる安保理が含む問題は解決されないこと，さらに国連の制度原理が容易に変わらない仕組みになっていることなどが課題として挙げられている[21]。

このように，日本は国連の加盟国として，国連改革で財政面と安保理改革に対して働きかけを行った。その働きかけは反映される場合とそうでない場合がある。また日本は加盟国として国連に働きかけを行う一方，国連の役割の広がりに伴い国内行政もそれに応じるようになった。外務省だけでなくそれ以外の省庁も国連の専門機関との関係を強めることとなり，国内の公務員制度改革の議論の中では「国際化」がその柱の1つとなった。

2−2　国内行政の国際化

▶国際的業務を担う外務省

行政の国際的な業務を担うのは外務省であり，国連との関係も外務省が中心となって築いてきた。城山は官僚制を細かく検討し，省庁ごとに異なる特徴を持つことに目を向けている。特に外交は他の行政活動と共通の性格を有しながらも「その活動が行われる環境に関しては大きな差異があり，それに伴って外交を担う外務省の組織や行政様式には独特の性格が刻印されることとなる」と述べている[22]。外交官は行政官僚として日本の国益のために任務に当たるが，日本の国益を他国との関係において，あるいは国際社会に照らして追求されるという点が他の省庁の官僚とは異なる。このため官僚制の研究ではしばしば外務省は検討の対象から外されることがある[23]。これらの特殊性は外務省設置法に規定されており，外交官の任務は「平和で安全な国際社会の維持に寄与するとともに主体的かつ積極的な取組を通じて良好な国際環境の整備を図ること並びに調和ある対外関係を維持し発展させつつ，国際社会における日本国及び日本国

民の利益の増進を図ることを任務とする」こととされている[24]。これまでの行政学の研究で外務省を対象とした研究が少ない中，城山は外務省を含めた中央省庁の行動様式を類型化しており，その中で外務省は単独で「渉外型」に分類されている。渉外型は自律性が高く多様な他の外部主体と調整を行うこととなるため，状況判断が重要な基礎作業であり，その状況判断の錯誤を減少させるために組織内では情報回路を重複的に設けられているという。ここでは常に相手組織の意向をふまえる必要があるため，「創発は各レベルでのインプットに基づく状況判断に応じて分散的に行われるが，最終的な承認は組織内のハイレベルの部分で集中的に行われる」[25]。つまり各レベルの官僚が政策決定に与える影響が比較的大きいと理解できる。外務省を構成する外交官に求められる人物像としては幅広い知識や専門能力，これらに基づく判断力に加え，対人折衝能力や調整力，社交性，外国でも暮らせる適応性が挙げられており，渉外型の特徴がここに出ている。

　日本で専門の外務職員，外交官，領事官の育成が始まったのは，日清戦争が勃発した1894年であり，外交官・領事館試験合格者は第1回3名，第2回5名，第3回2名，というようにきわめて少数の者がエリートコースをたどることになっていた[26]。1918年から外交官・領事館試験は高等試験外交科試験へと変わり，合格者が急増する。日本の国際的地位の向上に相応して外交官の大量養成が企図されたと考えられるが，1918年に23名，翌年は24名，1920年には37名であった。当時の試験合格者の大部分が東京帝国大学(現東京大学)出身者であり，東京商科大学(現一橋大学)出身者約2割を加えて外務省の首脳部が形成されており，留学生，書記生試験合格者である下士官クラスは東京外語大学，東亜同文書院等特殊外国語学校の出身者によって占められていた。

　GHQとのやりとりを担う外務省は敗戦後すぐに設置され，外交官の任用試験も実施された。外務省は長い間，他の省とは異なる独自の採用試験を実施しており，外交官任用の試験はその後数回にわたり変更されている。国家公務員採用Ⅰ種試験に当たる試験が外務公務員Ⅰ種試験であり，2001年に廃止され，その後はⅠ種試験合格者から採用されることとなった。また外務専門職員試験が設けられており，語学能力の高い人材の確保に対応している。このほかⅠ種

職員（技術系），Ⅱ種職員（事務職），医療職という区分になっている。このように特殊な試験制度が設けられてきたが，キャリアとノンキャリアの区分は他省同様に存在しており，キャリア外交官試験の受験倍率は戦後最も高い時で24.4倍，1960年代10.9倍と低くなるが1990年代には19倍と高くなっている[27]。外務省ではこの区別のほかに，専門外国語別の派閥が形成されるとも言われている。

　キャリア官僚は入省後，専門の外国語を選択し，2年間の国内研修を終えると，さらに2年間外国の大学へ研修に出る。研修後は習得した外国語を公用語とする国で勤務することとなるが，この時に語学別のグループの結束感が醸成されると言われる。この結束感はグループによって濃淡があるようだが，城山によると現在あまり強いものではないことが指摘されている[28]。また外務省は独自の研修所を有する。外務省に入省した若い外交官は入省直後に1年間の研修を行い，本省で実務経験を積んだ上で海外への研修に出発するが，海外への渡航前にも研修は実施される。竹本は外務省で実施されている採用後の研修制度を検討しているが，それによると研修科目は語学，教養講座，実務演習に分類されるとしている。内容としては先輩による講話が一定の割合を占めていることから，先輩省員から新入省員への「志の継承」，「外交路線の継続」が重視されているという[29]。外交官のキャリアは海外にある在外公館や政府代表部と本省の往復を繰り返しながら形成され，海外での勤務は昇進のステップとなる。

　外務省は外務省設置法や他省とは異なる採用試験を持っていたことなどから，行政機関の中で特別な枠組みに置かれていたと言える。機構改革についても，他の行政機関に先駆けて1993年に国連局を発展的に改組した総合外交政策局と国際情報局が新設された。総合外交政策局には科学技術，原子力協力関係，軍備管理・軍縮，国連行政，人権，難民，環境，麻薬等の分野における国際社会協力を担当する国際社会協力部が設置されている[30]。これらの分野は国連の専門機関に対応しており，橋本（龍太郎）行政改革が実施した省庁再編の対象とはならず，戦後一貫して「外務省」として存続している。

　しかし1990年代以降，首脳の外交の比重が増加し，首相の外交訪問に加え主要国首脳会議（サミット）やアジア太平洋経済協力会議（APEC）などの国際会議も増える中，外務省以外の省庁が国際的業務を担う比重を増すようになった。

他省庁との調整の必要が多くなり，外務省の「作業量は膨大であり重要政策について国会で答弁する機会も多いため落ち着いて中長期的視点からの外交政策の企画立案ができない」状態に陥った[31]。2001年に省内の機密費流用の発覚もあり，2003年に外務省の改革が実施されたが，その改革要綱にはNPMの導入が見られる。グローバル化の進展に伴い外交活動が多岐にわたってきていることから「外務省員の意識改革を徹底」することが第1の目的として掲げられ，意識改革の方法として，民間企業やNGOへ省員を派遣することで「民間の視点を養う」ことが記された。また国民や企業に対する「情報サービスの拡充」，「効率的，効果的な外交体制の実現」，「業務の透明性」も述べられている。人事制度に関しては競争原理の導入が図られており，Ⅰ種職員以外でも試験採用区分にこだわらずに積極的に高いポストへ任用するという。このように外務省の機構改革では官民交流を促進するだけでなく，国連の組織改革にも見られたような，業務における効率性や人事制度での競争が重視された。

▶行政機関に広がる渉外型業務

　グローバル化しつつある経済は行政のあり方について「国際化」への転換を迫るようになり，国家の公共政策に影響を与えた[32]。それは日本も例外ではなく，国内行政の制度改革が実施され，それは国連の機構改革の時期と重なる。中道は1990年代以降，55年体制の崩壊と制度改革が着手されたことに着目し，これらによる日本の政治過程および政策過程の変化について調査をふまえて検討している[33]。公務員制度改革は1996年に橋本内閣によって着手され，その目的は従来の官僚主導の行政から政治主導を確立することであった。1990年代に入り政治と官僚の関係を見直す行政改革の必要性が議論され始め，1996年に橋本首相が自ら会長となって行政改革会議を設置した。この会議で提出された最終報告書には省庁再編，独立行政法人の創設などによって行政活動を縮小し，内閣機能を強化する方策が記されている。この報告書は1998年に中央省庁等改革基本法として法制化され，さらに基本法に基づく改革措置を具体化した関係法律の改正が中央省庁等改革関連17法として制定公布された。その結果，閣議における首相発議権の改正，内閣府の設置，副大臣・大臣政務官制度の導

入が制度化された。

　2012年に施行された国家公務員法の最終改正に至るまでの公務員制度改革に関する法案を見ると、グローバル化へ対応するための項目が常に出されている。その内容は官民人材交流の推進、国際性の向上として語学力に限らず「プロジェクト・マネジメント能力や交渉力も含め、国際的に通用する競争力を身につけた人材」の育成などが取り入れられている。2008年の改革案には「我が国の国際的地位の向上と経済活動のボーダレス化に伴い、我が国が国際社会のキープレーヤーとして、新たな価値を発信し、公正なルール作りに向けて、戦略性、機動性をもって積極的に参画していくことが必要とされるようになった」[34]ことから、国際化への対応が目指された。具体的には海外で学位を取得した人材の採用拡大、職員の留学派遣の機会の拡大、国際機関や留学先での評価を各府省の人事評価に活用する仕組み作り、そしてその情報を内閣人事に集積することが挙げられている[35]。

　「行政の国際化」については「固有の行政制度や慣行、行政文化をもった一国家の中央政府ないし地方政府の行政を、行政の透明性や相互主義の原則に留意しつつ、もっとも摩擦の少ないかたちで、国際社会で一般に受け入れられる行政制度や処理方式――民間に対する助成措置や規制措置を含めて――に適合させ、効率、安定、公正を確保するための努力」と定義されている[36]。国内行政の国際化は、国際情勢の変化に国内行政のあり方を対応させることと理解できるが、それは単に行政が担う業務の範囲が国境を越えるものになるということだけでなく、変化への対応能力が国家公務員に必要とされる。それは国連の機構改革の内容と重なるものであり、仕事における効率性や公務員の流動性が求められるようになっている。中道は改革過程の様々な局面で政官関係の摩擦・対立が表面化したことを取り上げ、官僚の発言権に触れつつ、「90年代以降政治研究者たちは、むしろ官僚の強さを再発見し、80年代から主流になってきた政党優位論の見直しが迫られている」[37]と述べている。また長谷川もこの改革を議論する政府の審議会や懇談会の委員として関わった立場から、改革に至る過程で官僚および元官僚議員の抵抗について取り上げ、官僚の強さを確認している[38]。

いずれにせよ，国家公務員の外国への留学や外国の政府機関や国連機関への出向が外務省に限らず関係省庁で奨励されるようになった。国連機関との関わりは外務省以外の省庁へも広がりを見せるようになり，渉外型の業務は行政機関全体で広く担われるようになった。行政機関全体の国際化は官僚のキャリア形成に影響を与えるようになり，外務省に限らず国連機関への出向ポストには多様な省庁からの国家公務員が就いている。出向した官僚は出身国である日本の国家公務員としてのエトスを持って当該機関で働く。国家公務員の海外留学や国連機関への派遣が促進されているが，外務省以外の省庁では海外への出向が職員のキャリア形成にどの程度意味を持つかは明確でない。「とりわけ日本の官庁では，国際機関への出向を必ずしも『エリートコース』とは位置づけず，国際問題の専門家の養成であったり，数年間の比較的楽な外国勤務といういわばご褒美であったりといった位置づけがされることもあると言われる[40]」。1990年代には国内行政機関から国連機関への派遣職員数はゆるやかに伸びた[41]。しかし国連をはじめとする国際機関での職務経験の位置づけは，省庁によって異なっており，国家公務員のキャリアに与える意味合いや，その度合いも様々である。

▶市民団体の奨励

ガバナンスが政策過程に関わるアクターの複数性を重視するものであることは前章で確認したが，国内の行政改革でもその傾向は見られる。行政機関の中にはNGOとの定期協議を発足させる動きや，1998年にはNPO法が設置されるなど，政策実施の段階でNPOとの「協働」を進める動きが見られた。日本でガバナンスの考え方が導入され，NGOやNPOと行政機関との協働が見られるようになったのは1990年代後半である。NGOは市民社会を代表する組織として位置づけられるが，日本ではNGOやNPOといった組織が行政機関によって育成される側面があり，特に国際的に活動する団体は政府開発援助（ODA）のアクターとして外務省および国際協力機構（Japan International Cooperation Agency; JICA）が積極的に活動の場を提供している。グローバル・ガバナンスへの対応として位置づけられる外務省やJICAのこのような動きは，単にNGO

やNPOに活動の場を提供するだけでなく，これらの組織や団体が活動する制度的枠組を構築している。

　ODAはOECDに含まれる開発援助委員会の加盟国と欧州連合が開発途上国に対して実施する援助であり，その前身は1950年に発案されたコロンボ・プランにある。第2次世界大戦後，日本は援助の受け入れ国の1つであり，食糧や生活物資，世界銀行からの借款を受けていた。1960年から開発援助を実施するグループの設置が提唱・決定され，発足して間もなく日本も加盟した。ODAは主に2国間援助と多国間援助に分けられ，さらに2国間援助は贈与と政府貸し付けに分けられる。贈与には無償資金協力と技術協力，NGOへの補助金が含まれており，日本では無償資金協力および技術協力の実施はJICAがその大半を担っている。日本のODA実績は70年代，80年代を通じて増加し，1989年には米国を抜いて世界最大となり，その後も1990年を除いて2000年まで最も高い実績額を拠出し，1999年にはODA実績全体の27.2％をも占めていた。その後日本は財政緊縮のためODA予算を削減し，政府全体のODAの予算は2015年まで一貫して減少しており，2016年には17年ぶりに増額となったが，97年のピーク時に比べて約半分となっている。

　日本はODAの原則としてODA大網を1992年に作成し，環境と開発の両立，軍事的用途および国際紛争助長への使用の回避，開発途上国のグッド・ガバナンスなどを盛り込んだ。東南アジアを中心としていた援助はアフリカへとその対象地域を移した。またODA予算が減少傾向に転じたことや，人間の安全保障が外交戦略の柱に据えられたことから2003年8月にODA大網が改訂され，その基本方針の中に国連機関，国際開発金融機関，他の援助国，NGO，民間企業などとの連携が盛り込まれた。外務省所管の特殊法人であった国際協力事業団は，同年10月にODAの実施機関としてJICAは独立行政法人となった。

　JICAは市民参加を「市民参加協力事業」として据えており，この事業を通して「国際協力の担い手の育成支援」を行う意義があるとしている。具体的にはNGOとの定期会合，草の根技術協力事業，NGO／NPO支援事業，開発教育支援事業が実施されている。NGOとの定期会合は1998年から開始されていたが，2008年以降NGO-JICA協議会が設置され，年4回JICAとNGOとの間で

意見交換が行われている。参加資格は事前に申し込みをした協議会に賛同するNGO等団体や個人，JICA関係者である。運営はNGOとJICA双方のコーディネーターで構成される協議会コーディネーター会議が担っており，議題はJICAとNGO側が議題案の募集をそれぞれ実施し，会議にて決定される。

　草の根技術協力事業は途上国で開発支援活動を行うNGOや大学，地方自治体および公益法人の団体等を対象とした事業であるが，これらの団体の協力活動をJICAが支援するというものである。この事業は予算の大きさによってさらに細かいタイプ別に分類されるが，共通していることは事業実施にあたりJICAとの間に業務委託契約を締結すること，相手国でNGO登録をし，了承を取りつけることである。JICAとの業務委託契約とは事業の運営方針や方法の確認，事業の実施スケジュールや支出計画の確認，最終見積書の提出，モニタリングとして報告書や評価書の提出などが含まれる。またJICAによる現場の調査も行われている。このようにJICAは海外で活動するNGOを財政面で援助するだけでなく，事業の作成段階から支援するなどしてNGOの数を増やし活動の機会を提供している。このような関係についてはNGOの活動がJICAおよび外務省が定める制度の枠組みの中でのものに制限されるとの指摘がある。またNGOはJICAや外務省の要求が活動に影響を与えているとの不満を持ちつつも，自らの活動を実現するためにJICAが提供する制度を通して活動している。

　業務の担い手に限らず，JICAはODA事業の資金源として民間企業をはじめとする民間資金を重視しており，2005年のODAに関する中期政策には民間企業活動等との連携を強化する方針が明記された。2008年には「成長加速化のための官民パートナーシップ」が決定され，JICAは開発途上国の経済成長の加速，資源・エネルギーの確保，環境への取り組みを重点とした民間企業からの提案を募集した。さらに2012年から外務省とJICAはODAを活用した中小企業の海外展開支援を経済産業省とともに始めており，ODAを通して中小企業の製品や技術を途上国の開発事業に活用することを行っている。このようにJICAをはじめ日本政府がNGOや民間企業を対外政策のアクターとして位置づけ，奨励するようになったのは2000年以降のことである。これは国連で

のガバナンスを志向する動きや，人間の安全保障を積極的に支持する動きと深く関連していると考えられる。NGOの役割の重要性が高まったことが歓迎される一方，政府からの委託事業を通して活動しているNGOは，その独立性の確保が困難となることが懸念される。

　ガバナンスについては，ODA評価が1980年代初頭から外務省とJICAによって開始されており，評価の対象やレベルが細分化され，評価者にNGOやドナーなど第三者を加えるなど変化を見せている。より良い活動につなげるための管理と説明責任の目的から，基準は妥当性，有効性，効率性，インパクト，持続性が挙げられており，報告の中にはNPMを反映させた援助の策定や管理メカニズムを取り入れていることが記されている。NGOやNPOの育成に限らず，マネジメントの側面でも外務省はJICAのODA事業実施を通じてガバナンスを進めている。[42]このことは外務省が国連外交の中でグローバル・ガバナンスを重視し，それに対応する形で国内行政においてもガバナンスを進めていると捉えられる。

2－3　国連人事制度への働きかけ

▶国連外交における人事の重要性

　前章で見たように，国連の機構改革は人事制度に比重を置くようになった。安保理改革に失敗した日本政府にとっても，人事制度を通して国連でプレゼンスを発揮することは重要事項となった。このためより高いポストへより多くの日本人を配置することに努力が注がれるようになった。この点については特に1990年代以降，国連の機構改革に関連して日本の分担金をめぐり，国会でも議論されていたことはすでに確認した。また前節で見たように，国家公務員の出向が推奨されているが，派遣先でのポストもますます重視されるようになっている。外務省をはじめ各行政機関は多額の拠出金を支払っているが，このような努力が注がれるようになったのは国連職員を日本の利益を反映する存在として位置づけているからである。国連で日本人職員の数を増やすことに外務省をはじめ日本政府は力を入れているが，国連の人事制度改革に対しては具体的

にどのような働きかけを行ってきたのか。

　国連共通システムにおける職員の勤務条件を定め、その調整を担っているのは国際人事委員会（ICSC）であり、この委員会が職員の勤務条件決定の基本原則や基本給および地域調整給の額、福利厚生などについて総会に勧告をしている。1974年に設置されたICSCは国連総会で任命された15人の個人的資格の委員から成り、年に2度会議が開催されている。日本からは、人事院官僚として国家公務員制度改革に取り組んだ田代空氏が1988年に委員として着任しており、2002年以降は外務省官僚であった遠藤實氏が就任している。またICSCの補助機関である地域調整給諮問委員会は6人から成るが、この委員会にも日本人が就任している。このように、国内行政機関の日本人官僚が国連人事制度そのものの決定に関わる委員としてポストに就いている。

　国連での人事制度改革が着手された90年代以降、国連の人事制度に関する国会での議論は、いかに日本人職員を増やすかということに一貫して重点が置かれている。この前提から、より高いポストに日本人職員が昇進できるように「国連の人事政策改革に積極的に参画すべき」[43]ということや、人材育成の必要から国内大学の専門性を高めるプログラムの設置、留学生受け入れの重要性が訴えられている。これらに加え、国連機関の誘致も取り上げられてきた。国連機関の国内への誘致は1972年に国連大学（UNU）本部に始まり、80年代にはIOMや国際熱帯木材機関（ITTO）、90年代には国連環境計画（UNEP）やWHO、FAO、WFPなどの駐日事務所設置が相次いだ。2000年以降、沖縄県や広島県など地方自治体も誘致に積極的に取り組んでいる。国連機関の誘致については国連とのつながりを強化する目的からその必要性が訴えられているが、日本人職員の増加だけでなく地域にもたらされる経済効果も期待される。

　このように日本人職員数に関する議論は国会で頻繁に取り上げられるようになったが、国連の組織改革に伴う国際公務員の勤務条件の変化については全く触れられていない。1997年に外務省は12人の有識者からなる「邦人国際公務員増強のための懇談会」を設置した。座長は後にICSCの委員となる遠藤實氏である。この懇談会で出された報告書の中で日本人職員の数が伸びない理由について、(1)日本企業の大半が終身雇用制であるため日本での就職、転職が不利

になること，(2)給与水準が魅力的でないこと，(3)言語や習慣面での不利が取り上げられた。(1)は国連での終身雇用制度の凍結が反映されているとも捉えられるが，国連の機構改革で強調されていた流動性に関しては触れられていない。

▶日本人職員を増やすための制度

　国連機関での日本人職員数の増強を実現するために，外務省は国連が提供する人事制度をめぐるあらゆる制度を採用している。例えば国連が発表する空席公募は全ての人に開かれているが，国連が算出する「望ましい範囲」に日本人職員の数が達していないため，国連職員採用競争試験が日本では実施されている[44]。さらに外務省が国連機関に働きかけることで，採用ミッションの来日も見られた。若い職員の増加を目的としたJPO制度は一部の加盟国のみが実施しているが，これにも日本は参加しており，毎年試験が実施されている。このほか採用候補者をリストで確保し，必要に応じて採用されるロスター制度の利用を促したり，採用に関わる説明会などが頻繁に行われている。

　これらの国際公務員の採用の窓口となっているのは外務省の日本政府代表部である。日本政府代表部は1956年に国際連合日本政府代表部を国連本部のあるニューヨークに設置されたことに始まる。現在は政務部（安全保障理事会で扱われる地域問題，軍縮，PKOや国際法務案件を担当），経済部（開発，復興支援，環境問題，UNDPやUNICEFなど国連開発機関との協力を担当），社会部（社会問題，人権・人道分野を担当），行財政・国際機関人事部（国連予算や国連分担率交渉への参加，日本人職員の増強を担当），総務部（代表部の運営，管理，広報活動，出張者の往来管理などを担当）から成っている。ニューヨークのほかには国連機関が集中するジュネーブに国際機関日本政府代表部が，パリにユネスコ日本政府代表部とOECD日本政府代表部があり，これらの代表部は大使館や領事館と並ぶ在外公館の一部として設置されている。日本政府代表部は2国間関係を扱う大使館や領事館とは異なり，国連機関との関係を日本政府の代表として扱う組織である。2012年1月現在9つの代表部があり[45]，様々な日本の省庁より派遣された職員が勤務している。人事院からの職員も派遣されており，国連機関における日本人職員増強，人事管理も担っている。国連に加盟する全ての国がこのような

代表部を設置しているわけではなく，複数の代表部の設置から，日本政府が国連を外交政策の中で重視していると理解できる。国連の人事制度について代表部の目標はより高いレベルのポストに日本人を配置することであるという[46]。とはいえ，国連機関のポストに対して加盟国政府側からは直接アプローチすることはなかなかできないため，（国連職員の勤務条件も含めて）「そもそも考えたことがない」というのが代表部職員の認識としての現状であった。

　代表部のほかに国連機関への採用，人事を担う組織として国際機関人事センター（人事センター）があり，1974年に外務省国際連合局の中に設置され，現在は総合外交政策局の中の1つに位置づけられている。現在行われている人事センターの活動は国際公務員候補者のサポート，採用後のサポートに分けられるが，採用に関わる具体的な活動では候補者の国連機関への応募支援として情報・資料の提供，助言，推薦が実施されている。日本人職員採用を促進するためのロスター制度の実施，採用ミッションの受け入れ，国連職員採用競争試験の実施および支援，JPOの派遣，ガイダンス開催を行っている[47]。さらに人事センターは国連機関の就職情報誌として「インターナショナル・リクルートメント・ニュース」と題するパンフレットを発行しており，このパンフレットは1975年1月から2008年3月まで紙媒体として月刊で発行されていた[48]。国連の人事制度に関する情報が掲載されているが，時系列に内容を見ると変化する国連人事制度への外務省の対応および日本人職員を増やすための試みが現れている。

　この情報誌によれば，国連が実施する国連職員競争採用試験における選考の一部，採用ミッションの誘致，特定の機関への空席応募者の管理，JPOの派遣などを外務省が担っていた。JPOは人事センターが設置された年に始まり，第1章で述べたように，35歳以下の若者に原則2年間国際機関で働く機会を提供するという国連決議に基づいた制度で，採用期間中の経費は出身国負担によるものである。つまり外務省が国連機関に派遣する邦人を採用し，当該機関へ送ることで国際公務員となるべき若者の勤務経験を積む機会を提供するものである。さらにこの制度を経ることで正規職員への途を開き，結果的に国連での日本人職員増加が目指されている。このため制度の採用そのものが国連の人事制度への働きかけとして位置づけられる。1974年から本制度が始まったが，全

ての加盟国が参加しているわけではなく先進国をはじめとする25カ国が参加している。日本で公募が掲載されたのは1981年からで，以降1980年代はAEの募集が通時的になされている。1974年から1981年の間AEの派遣がなされなかったわけではなく，この間日本の行政機関からの派遣職員がAEやJPOに参加している例が多く見られる[49]。日本は毎年40名程度を新規派遣しており，2010年までの累計で約1300人を派遣した。2010年度予算額は10.6億円で主な派遣先機関はUNHCR，UNDP，UNICEF，WFPなどであり，IMFやWB等国際金融機関は派遣対象外となっている。

　採用は外務省が選考を実施しているが，1974年から現在までの傾向を見ると募集年齢の上限と募集人数枠が変化している。募集開始時は24歳となっていたが，すぐに35歳へと引き上げられ募集枠が広げられた。その後1983年には30歳，翌年には30代前半，1987年から1999年までは32歳，その後35歳と流動的である。これは候補者に対する国連側の条件が学歴のみでなく就業経験と語学力が重視される傾向になり，この変化に応じたものである。募集人数は開始当初は若干名とされていたが，1992年には100名から150名と一旦増加し，その後1995年に30〜40名，翌年50名，2001年には65名程度と増加した。2004年以降は50名から55名の間で推移している。募集人数に対する合格者数[50]を見ると，2002年までは採用枠いっぱいの人数あるいはそれ以上の数の合格者を出していた。しかし2003年に募集人数65名に対し合格者は40名であり，翌年以降には募集人数が55名までに抑えられる。2004年の合格者数は45名であり，その後募集人数に変化はないが合格者数は減少しており2005年40名，2007年には43名となるが，2009年には34人，2010年には27人，2011年には25人と減少の一途をたどっている（図2.1参照）。合格者数が減少傾向にある一方，2010年の応募者数は621人と多い。

　日本人職員数の増強を政策目標として掲げているにもかかわらず，外務省による国際公務員の採用人数がこの間減少しているのはなぜか。応募者が採用条件に満たないということも考えられるが，その理由の1つとしてJPOが行政刷新会議による事業仕分けの対象となったことが挙げられる。この制度は経費の大きさから2010年に仕分けの対象候補となり，そのプロセスの中でJPO派

図2.1 外務省によるAE（JPO）募集人数と合格者の推移

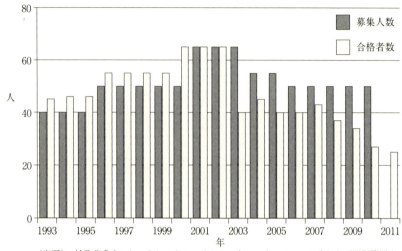

（出所）　外務省「インターナショナル・リクルートメント・ニュース」および国際機関人事センターHPの情報をもとに筆者作成。2011年以降の募集人数は非公開。

遣制度のあり方だけでなく，日本人職員の増加政策そのものが問われた[51]。仕分けの議論の中で，伴野外務副大臣は国連で働く日本人職員数の少なさを確認した上で，外務大臣の努力として国連事務総長への日本人職員活用の要請を実施し，JPO派遣による効果をアピールしている。その効果を説明する中で国連職員が中立性を要請されていながら「実際には加盟国出身職員（の活躍）が母国にとって有利に働くことがある」とし，特に日本人の国連職員増強に効果を与えていると述べた。しかしJPO以外の直接採用職員数の伸びの方が大きい年もあるという指摘や，JPOが日本人職員数を増加させることにどれだけ予算に見合った効果があるのかが問われた。また「国際機構において日本人がどれくらいまで増えれば日本のプレゼンスが増えたと言えるのか」という指摘も出た。これらの問いに対し外務省は「分担金という，義務的に割り振られて支払わなければならない額につきましては，少なくとも日本の貢献度に見合うだけの割合の日本人を雇ってほしいと思っておりまして，それを実現するためにずっと努力をしている。これが一貫です」と答えている。JPOの仕分けは逃れたが予

算が削減され，このことが採用人数の減少につながったと考えられる。

　この他の理由としては外務省が国連で若手職員として働くJPOよりもむしろ，より高いポストに職員を配置することに重点を移していることが挙げられる。JPOは通常 P2ポストに就き，その間日本人職員として数えられるが，JPOとして働いた職員がその後必ずしも正規ポストに就く訳ではない[52]。外務省にとって「(国連)機関における意思決定に影響を及ぼす幹部職員レベルの邦人職員数の増加は，国際貢献における我が国のプレゼンスの大きさを示すものであ[53]」り，現に国連での日本人幹部職員数は2005年の60人から2012年には74人に増加している[54]。幹部ポストの獲得は政治的なものであるが，特に事務局長ポストの候補者は出身国政府を上げての選挙活動となることは前章で見た。事務局長選挙に出る候補者に対して外務省はこれまで全面的な支援を行ってきており，選挙に候補者を立てる場合には大使館と代表部が主体となり積極的に活動した。近年の例では国際原子力機関(IAEA)局長に外務省出身の天野之弥氏が2009年に当選し，国際海事機関(IMO)局長に旧運輸省の官僚であった関水厚司氏が当選している。より多くの日本人職員が「管理監督を行いあるいは専門的事項を処理する地位を占めるようになること」を目標に，専門職以上に就く職員数を2009年から2014年の間に15％増加させるという数値目標を出したが，達成できていない。

▶国連機構で働く日本人職員

　外務省は国連で働く職員を「国際社会共通の利益の為に国連や専門機関等の国際機関に勤務し，ニューヨークやジュネーブ等の本部の他，フィールドと呼ばれる世界各地の事務所で，専門分野を通じて活躍[55]」する人と定義している。国連で働く日本人の数は2014年現在779人であり，1975年の194人から1985年には400人と増加し，その後2000年までは横ばいであるが，2000年以降467人から736人と大幅に増加している(**図2.2**参照)[56]。長期的に見ると増加傾向にあるが，2010年現在の数字は国連機関専門職全体(2010年6月現在2万8835人)の約2.6％であり，専門職に限るとその数は123人で比率は4.67％である。国連事務局が算出している「望ましい職員数の範囲」(国連事務局に限る)は，日本の

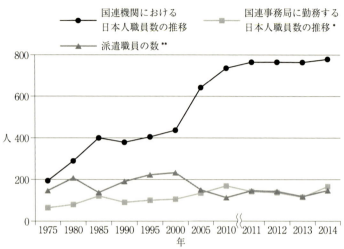

図2.2　国連機関で働く日本人の数の推移

(注)　＊ここに含まれる人数は専門職以上の数であり，一般職，技術協力専門家や任期1年未満の職員は含まない。
　　　＊＊年度内の派遣職員数。国連機関のみでなく外国政府機関への派遣も含む。
(出所)　国連総会報告書・人事院年次報告書より筆者作成。

場合1975年時点では107〜150人であったのが，1985年には171〜232人，2000年には257〜348人となった。2014年現在186〜252人と減少している。国連事務局で働く日本人の数は1975年時点では65人だったが1985年には121人，その後増減して2014年現在167人である。国連事務局だけで見るとその増え方は緩やかであり，分担金の負担率を考慮すると，他の国と比較した場合に日本人職員数は確かに少ないと言えるが，事務局だけでなく国連機関全体で見ると特に2000年以降急増している。専門機関を見ると，日本人が多い機関とそうでない機関があり，組織全体に占める日本人専門職員の割合が多いのは日本に本部や事務所があるUNU，国連訓練調査研究所(UNITAR)，国連工業開発機関(UNIDO)，UNESCO，ILOなどである。[57]

　国連で働く職員は各機関に直接採用される職員と国内の行政機関からの派遣職員に大別でき，そのほとんどは前者である。派遣職員数やJPOの数が減少

傾向である一方，日本人職員全体の数が増加しているのは各機関に直接採用された職員の数が増加しているためである。国連機関に直接採用されるプロセスは2つあり，各機関が実施する空席公募への応募と国連競争採用試験である。採用条件を見ると，前者はその空席ポストのレベルにもよるが，通常修士以上の学歴と職務経験，さらに職務遂行可能な語学能力が求められる。国連機関に既に勤めている人も応募するため競争率は高く，日本人職員ではJPOを経て採用されるか派遣職員を経て採用される場合がほとんどである。日本でも実施されている国連職員採用競争試験は32歳以下の若手を対象としており，学士以上で職務経験がなくても応募できることになっているが，多様な国で試験が実施されているため競争率は高く，日本人の合格率は1～2％と低い。[58]国連職員採用競争試験で行われている専門分野は行政，経済，財務，情報技術，広報，社会，統計，セキュリティであり，より高い専門性が求められる。

　これらの国連側の条件をふまえ，外務省は試験に合格するための準備として，「情報収集，語学力・コミュニケーション能力の向上，専門分野の確立，海外経験を視野に入れたキャリアプラン」を提示している。具体的には大学学士卒業後すぐに進学し，大学院を修了した後に職務経験を積んで国連機関を受験する，あるいは大学学士卒業後に就職し，大学院へ進み，受験するというものである。さらにこの過程のどこかを海外で過ごすことが国連に対し強い説得力を持つとしている。このキャリアプランは外務省が描く日本人職員像でもあり，外務省が採用に関わる際にはその基準として，具体性を持つものとして示されている。

　国内の行政機関から国連機関への派遣職員の数は少ないが，彼（女）らは日本と国連をつなぐ重要な存在として位置づけられる。国家公務員法には「国際機関等に派遣される一般職の国家公務員の処遇等に関する法律」[59]があり，この中で派遣職員は国家公務員としての職務を遂行しないが，国家公務員としての身分が派遣期間中も保有されることが規定されている。

　派遣職員の派遣先機関は外国の行政機関が全体の約35.8％，国連29.7％，その他の国際機関が29.7％，その他研究所など4.8％であり，地域別ではアジアに48.3％と約半数を占め，国際機関の集中するヨーロッパに30.7％，続いて北

米11.5％となっている。それ以外ではアフリカ6.6％，中南米1.3％，中東0.8％，大洋州0.8％である。[60] 国際機関に最も多くの職員を派遣しているのは財務省であり，IMF（18人）と国際復興開発銀行（IBRD，10人，ほかに環境省からも2人），国際金融公社（IFC）に2010年度末時点で働いている。派遣職員が集中している国連機関はIMFとIBRD以外にIAEAが挙げられ（12人），経済とエネルギー分野で国連機関とのつながりが強い。このほか農水省からFAOへ10人（ほか林野庁と水産庁からそれぞれ1人），特許庁から世界知的所有権機関（WIPO）へ7人（ほか文化庁より1人），厚労省からWHOへは6人である。国連機関全体の職員数からすると派遣職員の数は少ないが，多くの職員が派遣されている機関は経済，エネルギー，食糧，保健，特許の分野である。派遣職員数の推移を見ると，1975年時点で147人であったが，1980年に208人と増加し，1985年には138人に減少するものの1990年に191人，2000年には233人にまで増加している。[61] その後減少傾向にあり，2010年には114人まで減少している。

　派遣制度が事務局職員の国際的忠誠を損なう恐れがあると指摘されていることは前述した通りであるが，国家公務員は「国民全体の奉仕者」としての義務が国家公務員法において定められている。それは第一に職務専念の義務，第二に法令・上司の命令に従う義務，第三に守秘義務，第四に信用と名誉を保つ義務，その他政治的行為の制限や労働基本権の制限である。[62] 国際公務員は特権免除の中で国家から独立して発言することが守られているが，同時に国家公務員法の適用が外される「特別職」に国連機関への派遣職員は含まれていない。[63]

　国連機関が集中するジュネーブでは大使館や日本政府代表部が現地の機関で働く日本人職員を対象としたレセプションが開催されている。また職員同士のつながりとして，日本人職員会が形成されており，派遣職員がその代表を務めている。これらを通じて日本政府代表部は日本人職員とのつながりを持ち，関係を維持・強化する。その中で職員の仕事内容，経験，将来のビジョンを把握し，職員がより高いポストに昇っていくよう後押しする。またこのようなつながりは職員を通して国連諸機関に関する情報収集を可能にし，日本政府として当該機関の正規窓口から聞きにくいことをインフォーマルなかたちで日本人職員から聞くことを可能にする。日本政府代表部にとって派遣職員と直接採用の

職員という2つのカテゴリーはキャリア形成の仕方が違うとしながら、「(中には例外もあるが) たいていの職員は日本にベースがあり、メンタリティは日本で、やはり日本のフラッグを機関の中で打ち立てたいという (代表部と) 同じようなマインドの人が多い」とし、日本人職員を「同志に近いような (存在)」と見なしている。[64]

　国連は戦後日本が国際社会で自らを位置づける上での足がかりであり、その後日本が経済成長を遂げる中で外交政策における国連の位置づけも変化してきた。さらにガバナンスが強調される中での国連の機構改革で見られた変化は国内行政にも制度改革で同様の特徴が確認された。このように国連をめぐる情勢に対して、加盟国である日本は国際社会での自らの位置づけの変化を受け入れつつ国連に対する働きかけを行ってきた。日本人職員数の増強はその中でも国際社会に対しては「人的貢献」として、国内に対しては国家のプレゼンスの確保および強化として日本の対国連政策の中で徐々に重要性を持つものとして議論されるようになった。外務省だけでなく経済や教育、保健、労働、環境など広い分野に関わるあらゆる国内の行政も国連およびその人事に関わるようになっており、先に見たように国連機関全体で見ると日本人職員は増加している。JPOや派遣職員の人数は2000年以降減少していることから、外務省は幹部ポストへの日本人職員の配置に力を入れるようになっている。ただし国連側の条件に適った人材を見つけることが難しいのも事実であり、ますます流動的で不安定な人事制度に移行している国連への転職を勧めることは困難であるのが現実である。[65] これらをふまえ外務省は「日本人職員が少ない」という評価の基となっている国連分担金の分担率の算出方法を変更するよう要求する方向へ舵を切っている。安保理改革や分担金に関して日本政府は国連に踏み込んだ制度改革を要求するが、人事制度については国連が提示する枠組みの中でできることをしているというのが現状である。日本人職員数の増強に関する議論は高まっているものの、国連の人事制度に対して制度改革を促すような具体的な働きかけをしているわけではない。

　いずれにせよ、日本政府は日本人職員に対して、日本とのつながりをその仕

事に反映することを期待している。このような職員に対する見方は職員にとっては両義性を持つことになる。というのも，一方では国際公務員として任務を遂行することが望まれ，他方では日本人として働くことが期待されるからである。日本人職員が国際公務員として自身が所属する機関と，また出身国である日本との間でどのように働いているのか，そして流動性を促す国連の人事制度のあり方をどのように受け止めているのか次章で見て行く。

注

1) 田所昌幸・城山英明『国際機関と日本』日本経済評論社，2004年，339頁。
2) 五百旗頭真編『戦後日本外交史』有斐閣アルマ，2010年，29-64頁。
3) 井上寿一『日本外交史講義』岩波書店，2003年，127頁。
4) この時点での沖縄の返還は据え置きとなった。
5) 3原則のうちほかの2つは「自由主義諸国との協調」，「アジアの一員としての立場の堅持」。
6) 五百旗頭，前掲書，305頁。
7) 稲田十一「開発・復興における『人間の安全保障』論の意義と限界」『国際問題』(国際問題研究所) No. 530, 2004年，28-43頁。
8) 日本円に換算するとおよそ244億円（2012年12月1日為替レート：1ドル＝82.41円で換算）。
9) 外務省「ODA白書」(http://www.mofa.go.jp/mofaj/gaiko/oda/shiryo/hakusyo/11_hakusho_pdf/pdfs/11_hakusho_0401.pdf)。
10) 日本円に換算するとおよそ785億円（レートは注8)と同じ）。
11) 外務省国連行政課作成資料。
12) 田所・城山，前掲書，401頁。
13) 同上書，401頁。
14) 外務省「我が国から国際機構等への分担金・拠出金」(平成22年度)，外務省。
15) 1972年4月8日参議院予算委員会，田渕哲也議員と福田越夫大臣の発言。
16) 国立国会図書館，国会会議録検索システムで「国連分担金」をキーワードに検索した結果，106件ヒットし，最も古い議事録は1957年2月11日の衆議院予算委員会第1分科会のもので，最新のものは2012年2月24日の衆議院財務金融委員会の議事録であった。
17) 1985年11月8日衆議院外務委員会，渡辺朗委員の発言。

18) 1990年10月17日参議院本会議，佐々木満議員の発言。
19) 同上。
20) 北岡伸一『グローバルプレイヤーとしての日本』NTT出版，102-103頁。
21) 最上敏樹『国際機構論』東京大学出版会，2006年，140頁。
22) 城山英明・鈴木寬・細野博編『中央省庁の政策形成過程』中央大学出版部，1999年，253頁。
23) 中道の国家公務員を対象としたサーベイに外務省は含まれていない。また早川の研究でも外務省は除外されている。
24) 外務省設置法 (平成11年7月16日法律第94号，2004年改正)。
25) 城山英明・細野助博編『続・中央省庁の政策形成過程：その持続と変容』中央大学出版部，2007年，7-10頁。
26) 臼井勝美「外務省：人と機構」『日米関係史1：開戦にいたる10年 (1931～41年)』東京大学出版会，1971年。
27) 竹本信介「戦後日本外務省内の『政治力学』：外交官試験と外務省研修所の考察をてがかりに」『立命館法学』No. 329，2010年 (1)，195頁。
28) 城山，前掲書，257頁。
29) 竹本，前掲論文，204頁。
30) 外務省「外交体制」(http://www.mofa.go.jp/mofaj/gaiko/bluebook/1993_1/h05-1-3.htm)。
31) 薬師寺克行『外務省——外交力強化への道』岩波新書，2003年，86頁。
32) 福田耕治『現代行政と国際化』成文堂，1995年，1頁。
33) 中道實編『日本官僚制の連続と変化』ナカニシヤ出版，2007年。
34) 公務員制度調査会「公務員制度改革の基本方向に関する答申」1999年。
35) 「公務員制度改革大綱」2001年12月25日，「国家公務員制度改革基本法」2008年6月13日，国家公務員制度改革推進本部顧問会議「報告」2008年11月14日。
36) 福田耕治『現代行政と国際化』成文堂，1995年，125頁。
37) 中道，前掲書，157-161頁。
38) 長谷川幸洋著『官僚との死闘七〇〇日』講談社，2008年。
39) 留学先は米国ではアイビー・リーグを中心とした大学，フランスでは国立行政学院など，国家公務員の留学先は所謂エリート校である。
40) 田所・城山，前掲書，16頁。
41) 人事院「平成22年度　年次報告」(http://ssl.jinji.go.jp/hakusho/h22/138.html)。

42) 外務省「ODA評価ガイドライン第7版」2012年 (http://www.mofa.go.jp/mofaj/gaiko/oda/kaikaku/hyoka/pdfs/guideline_7.pdf)。

43) 2000年5月12日参議院「国際問題に関する調査会」議事録。自民党議員佐々木氏の発言。

44) この試験は全ての国で実施されているわけではない。

45) 国際連合日本政府代表部 (在ニューヨーク), 在ジュネーブ国際機関日本政府代表部, 在ウィーン国際機関日本政府代表部, 軍縮会議日本政府代表部 (ジュネーブ), ユネスコ日本政府代表部 (パリ), OECD日本政府代表部約 (パリ, 職員約40名), EU日本政府代表部, ASEAN日本政府代表部 (2011年ジャカルタに開設), 国際民間航空機関日本政府代表部 (モントリオール)。

46) 2011年6月28日にジュネーブ国際機関日本政府代表部において筆者が行った職員へのインタビューより。

47) 国際機関人事センターHP (http://www.mofa-irc.go.jp/)。

48) 2003年1月に国際機関人事センターが作成した資料「国際機関邦人職員増強について」によると発行部数は2000部配布となっている。

49) 「インターナショナル・リクルートメント・ニュース」を確認すると, 国際機構で働く職員による仕事紹介の記事が含まれている。その中で1981年以前にAEとして行政機関から出向した職員が度々登場する。

50) 募集人数, 応募者数, 合格者数のデータは1993年から2010年までに限られる。

51) 内閣府行政刷新会議事務局「事業仕分け項目番号A-22議事録」(http://www.cao.go.jp/sasshin/shiwake3/details/pdf/1117/gijigaiyo/a-22.pdf)。

52) 事業仕分けの会議にて外務省は「幹部に登用されていくような邦人職員の増加ということになりますと, JPOの経験だけでは容易にそれは実現されませんので」と発言している。内閣府行政刷新会議事務局「事業仕分け項目番号A-22議事録」(同上)。

53) 平成22年度外務省政策評価書 (http://www.mofa.go.jp/mofaj/annai/shocho/hyouka/pdfs/h22_sy.pdf)。

54) 平成24年度外務省政策評価書 (http://www.mofa.go.jp/mofaj/annai/shocho/hyouka/pdfs/h23.pdf)。

55) 外務省国際機関人事センターHP (http://www.mofa-irc.go.jp/ (2012年1月現在))。

56) 2013年12月現在790人。

57) 各機関が発表している2007年の国籍別職員数をデータとしている。国連事

務局で働く専門職以上の日本人の割合は全体の専門職以上の2.2%であるが，UNUは7.7%，UNITAR6.9%，UNIDO5.7%，UNESCO5.5%，ILO5.1%となっている（http://www.un.org/womenwatch/osagi/fpwomenbynation.htm）。

58) 国際機関人事センター資料（http://www.mofa-irc.go.jp/）。
59) 「国際機関等に派遣される一般職の国家公務員の処遇に関する法律」第3条。
60) 人事院年次白書2015年度（http://ssl.jinji.go.jp/hakusho/h27/1-3-08-1.html）。
61) ここに含まれる派遣職員数は，年度内の派遣職員数である。国連機関に限らず外国政府機関等への派遣も含まれている。国連機関のみへの人数の推移を示すデータではないが，全体的な傾向を見るために使用する。人事院「平成22年度 年次報告」（http://ssl.jinji.go.jp/hakusho/h22/138.html）。
62) 早川征一郎『国家公務員の昇進・キャリア形成』日本評論社，1997年，357頁。
63) 国家公務員法は国家公務員の特別職には適用されず，特別職には特命全権大使，特命全権公使，特派大使，政府代表，全権委員，政府代表または全権委員の代理，特派大使，政府代表，全権委員の顧問および随員が含まれているが，国連機関への派遣職員は含まれていない。
64) 筆者が実施した国連機関で働く日本人増加のための任務に当たる日本政府代表部へのインタビューより（2011年7月に国際機関日本政府代表部にて2人に対し各人約1時間半のインタビューを実施）。
65) 同上。

第3章　ガバナンスの要求に応じて働く日本人職員

はじめに

　ここまでグローバル・ガバナンスがそのアクターである国連そのものの機構改革を要求し，その結果，国連職員の勤務条件に与えた影響を見てきた。職員の流動性を促進する目標が打ち立てられ，国際公務員の勤務条件は不安定なものとなったということが確認された。また加盟国として日本政府は日本人職員の雇用や管理に関わり，日本人職員の増強を政策目標にしているが，国連の人事制度や雇用条件そのものへの働きかけは，あくまでも国連が提示し，実施する枠組みの中で行われていた。本章では国連機関で働く日本人職員に焦点を当て，ガバナンスが国際公務員の仕事や働き方に与えた影響を把握する。具体的にはこれまで見てきたような，流動性を重視するようになった国連職員の勤務条件を日本人職員がどのように受け止め，適応しているのか，またその中で自らの雇用条件を規定する当該組織や日本政府をどう見ているかということである。

　セネットは1980年代以降の経済の官僚的制度の変化に伴う労働者の働き方や組織に対する意識，消費行動の変化を新しい資本主義の労働文化として検討した[1]。新しい資本主義は大企業における経営者から株主への権力の移行，権力を得た投資家による短期的利益の追求，そして通信や生産の技術革新がその要素として挙げられる。これらの変化に応じて組織の構造や組織で働く労働者の働き方も変化した。組織はいくつかの機能を他社に委託することで組織の機能の一部をいつでも削除したり取り込んだりするようになり，労働者の削減や臨時雇用の増加をもたらした。そして絶えず自らの知識ベースを変え続けることが労働者の理想像とされるようになった。労働者にとって，未来は不透明とな

りつつも「柔軟性」の名のもとに不確実性に対する許容範囲が広く，前向きであることが要求される。こうした変化は労働者の組織への「帰属心」の低下，労働者間のインフォーマルな相互信頼の消滅，組織についての知識の減少を，さらには高いストレスと不安を生み出す。

　セネットは民間企業について論じているが，これらの特徴はこれまで見てきた機構改革を進める国連と重なる。国連が機構改革の中で推進する人事制度が職員にもたらすものは，とりわけセネットが示した労働者の状況と同様に国際公務員にも不安として現れるのか。セネットの言う労働者の変化は，国連で働く日本人職員にも見られると言えるのだろうか。これらのことを検討するために，国連およびその専門機関が集中するスイスのジュネーブおよびフランスのパリで，日本人国際公務員を対象に実施したインタビュー調査によって得られたデータを基に分析する。

▶調査概要

　調査地は最も多くの国連機関が集中するスイスのジュネーブとフランスのパリで国連機関で働く日本人を対象に実施した。ジュネーブでは2011年6月中旬から7月中旬にかけて，パリでは2011年の2月，3月および8月にインタビューを行った。インタビューに答えた日本人職員の所属機関はジュネーブのILO，IOM，UNAIDS，UNCTAD，UNHCR，UNOG，WHO，WIPO，WMO，WTO，パリのOIE，UNESCOである。[2] 被調査者へのアクセスはジュネーブでは日本人職員会の協力のもと，メーリングリスト[3]を通して調査の依頼をかけた。インタビューに先立ち調査依頼とともに質問票を配布し，質問票の最後にインタビューに応じても良い場合は記名するよう要請し，記名した質問票を返信した8人の職員を対象にインタビューを実施した。これら8人の職員からスノーボール・サンプリング法によって他の職員へアクセスした。パリではUNESCOを中心に知人からの紹介で日本人職員にアクセスし，日本人の同僚を紹介してもらうことで調査が実現した。このようにジュネーブ，パリ双方でスノーボール・サンプリング方法を使用し，最終的に17の国連機関で計33人に対してインタビュー調査を実施した。

調査は回答済みの質問票を基に，それを補充する形でインタビューを行った。調査票の項目は基本属性に加え学歴，海外での居住および教育歴，勤務条件や仕事内容，日常生活を問う項目からなっている。インタビューは主として調査対象者のオフィス，職場のカフェや食堂で行われた。ほぼ全ての対象者に約1時間半に及ぶ長いインタビューに応じてもらったが，最も短いもので15分，長いものは2時間半に及んだ。インタビューの方法は各職員の「国際公務員としての自身の物語」を語ってもらえるように準備した質問に対して自由に答えてもらう半構造的インタビューを採用した。物語が語られる間，許可を得た上でICレコーダーによる録音を行い，ノートをつけた。インタビューが終了し，ICレコーダーのスイッチを止めた後に改めて話が始められることも多々あり，それらのことは記憶の許す限りノートを取り，フィールドノートとしてまとめた。インタビューの分析にはこれらの調査対象者が答えたアンケートおよびインタビューの内容，フィールドノート，調査対象者が別の機会で受けたインタビューや講演会のために作成し，使用した資料，出版した本などを使用している。

▶検討の対象となる日本人職員

　インタビューに答えた専門職員[4]（Professional Staff, Pスタッフ）33人のうち男性が19人，女性が14人であり，年齢は20代がおらず，30代11人，40代8人，50代12人，60代2人であった。最終学歴は**表3.1**の通りである。

　国際公務員になる条件として修士以上の学歴が必要とされるが，博士課程の学歴を持つ人が4割近くにのぼる。職員の国連システムでの勤務年数は5年未満が12人，5年以上10年未満は4人，10年以上15年未満6人，15年以上20年未満5人，20年以上は6人であった。就職方法は空席応募，国連職員採用試験の直接採用が25人，派遣職員4人，AE/JPOが4人である。調査時点での職位はP3とP4が最も多かった（**表3.2**参照）。

　職員は国際公務員になった動機やその経緯，仕事の内容について詳細に語った。その語りの中から，機構改革に伴う仕事の変化について，流動性が促進され，雇用機関が短縮されることについてどのように受け止め，対応しているの

表3.1 最終学歴

	度数	%
大 学	4	12.1
修 士	16	48.5
博 士	13	39.4
合 計	33	100.0

表3.2 職位[5]

	度数	%
P2	5	15.2
P3	8	24.2
P4	8	24.2
P5	6	18.2
D+	6	18.2
合 計	33	100.0

かという点を取り上げ，検討する。また職員の語りの内容はアンケート調査の結果も照らしながら分析する。ここに登場する職員の語りは，機構改革に伴う仕事の変化についての語りの中で代表的なものである。ここで使用する職員の名前はすべて仮名であり，所属機関については，本人が特定される可能性があるので示していない。

3－1　機構改革に伴う仕事の変化

▶効率性の追求の結果

　機構改革に関連した話は長年同じ組織に勤めてきた職員によってしばしば取り上げられた。改革によって組織が縮小し，このことが業務に影響を及ぼしたと話したのは，専門機関に勤めており定年を目前にした鈴木（D+，60代男性）である。鈴木は日本の行政機関に勤めた後，民間企業への転職を経て国際公務員となった。同一の専門機関に約20年勤めているが，その間に大きな組織改革が2度あったという。特に1995年の改革では，在外の事務所の職員を全て集めて組織の今後の方向性について話し合う会議が開かれ，鈴木も参加していた。様々な意見が出た結果，効率性を重視するため組織を縮小して本部の権限を在外に移すことが決まった。鈴木はこの結果に賛成ではなかった。それ以前に決定過程に不透明な部分があり，多くの時間を費やして会議をしたものの，話し

合ったことが結果に反映されておらず，結果ありきのプロセスであったと理解したからである。組織の縮小に伴い本部と地域全体をつなぐ地域局が廃止されることとなったが，その結果，本部と地域事務所とのコミュニケーションが煩雑になったという。

> 地域局は4人のデスクオフィサーがいて，それぞれ国を受け持っていた。例えばタイのバンコクにある事務所で何か問題があり本部の指示を仰ぎたい場合は，問題を抱えている人間はデスクオフィサーに話をして，デスクオフィサーは問題に応じてしかるべき人と相談をして回答をぽんと返す，というやり方で動いていた。現場からの問い合わせがあれば，本部からの統一見解が返っていくし，速かった。今は地域局がないから，複合的な問題である場合に，誰に責任があるかはっきりしない。1つは誰も返事を書かない。ひどい場合には誰も他に相談しないで，自分の見解をそのまま返事してしまう。受けた方は，どれが本部の意見なのか，ということになってしまう。

このことを鈴木は組織全体の「機構改革がもたらした最も大きな問題」としており，効率性を落とす結果となったと指摘している。さらに透明性や説明責任に関わる問題も生じており，職員の抱える仕事量が増えていることも理解できる。

このほか，開発援助分野の専門機関に所属していた大西（P4，50代女性）は「プロジェクト」という言葉の出現とともに，1つの事業計画にかけられる時間が短縮されてきたことを指摘する。

> あれはいつ頃だったか。突然プロジェクトという言葉が話題に出てきた。その時プロジェクトという言葉を知らなかった。仕事の上で使っていない言葉だった。当時は大体プロジェクトは10年計画だった。まあ5年から7年，10年，それで延びれば13年やっていた。……（中略）……それが突然，80年代の初め頃，突然変わったの。プロジェクトは2年とか3年で（計画す

るよう要求されるようになった。そんなに短くては）結局人材開発も何もできない。その国に還元するのはゼロ。バジェットも「きちっと細かく決めなさい」と。「これでは何もできないじゃないか」と言っても，やらないとお金来ないから，必死になるわけ。コスト効果とか，数字で示せるものが全てリーダーシップ取ってしまった。「何だろう，何だろう」と不思議だった。でもあんまり反対だったから，ある時，1990年代の中頃になって「プロジェクトはやりたくない。（カウンターパートの声をよく聞かずに）こっちが勝手に決めてこっちが全部決めるのは嫌だ。プログラムをやりたい」と，細かい予算を決めずに1年の大体の予算を申請するプログラムの提案を出した。そうしないと開発はできないから。そしたらまずは内部で引っかかる。「プロジェクトじゃないからだめだ」とドナーとの会議に出してもらえない。「もらえなくてもいいから，とにかく，とにかく会議に出して」とお願いし続けた。3年待って，ようやくグローバルに使えるお金が400万ドル出た。「やっとこそ。これでいい」と思って，それからはプログラムでしか（予算の）申請を出していない。（（　）内は筆者による補足。インタビュー内は以下同様）

長い引用となったが，大西は組織の変化を明確に意識し，それに伴う仕事の変化も感じ，この変化に違和感を抱き，抵抗した。抵抗しながらも，予算がもらえなかった時には眠れない日が続いたこともあったという。また自分が抵抗できたのは，組織の主要な部署にいたわけではなく，「割と自由にできるところ」で働いていたというのもあったと振り返る。開発援助分野においては時間がかかるものとして計画を立てなければ，開発途上国に還元できるものはないことを強調した。またプロジェクトの評価はお金をいくら使ったかということで測られる。開発途上国を対象にする場合，予算をなるべく抑えながら実施していたが評価として低く現れるため，指摘されることもあったという。このような傾向は開発援助分野で活動する組織としてどうかと，疑問を抱えている。

▶パートナーであり競合相手でもあるNGO

　国連がガバナンスを重視することに伴い，国連とNGOや民間企業の関係が強化されたことは第1章で確認した。日本人職員は仕事の中でこれらのアクターをどう位置づけているのか。「政府，民間企業，NGOを含めた共同事業を通してネットワークができたことはありがたいこと。エキスパート含め，NGOもすぐに連絡をすると返信をもらえます。これは信頼関係が築けているということ。第一線の人からもアドバイスをもらえるし，仕事も引き受けてもらえる」(P5, 50代女性)というように，各アクターとの関係構築を重要なものとして職員は認識している。程度の差はあるものの，どの機関もNGOなしにプロジェクトを実施することはできず，インタビューに答えた職員はパートナーとしてNGOとの連携を強化していきたいと前向きな姿勢であった。その中で多くの職員はNGOを知識や情報を提供する専門家集団と見なしており，自分たちの意向を強化したり業務を委託するなど，仕事を補完する存在として位置づけている。専門機関に務める佐藤(D+, 50代男性)は，まず産業界とのつながりの重要性を述べた上でNGOについては「無視できない存在になっている」としつつ，日本のNGOをめぐる状況についても触れている。

　　重要なNGOの集まりの1つに，法律家の集まりがある。そういう人が大事で，その代表が来る。国連の脈絡で人道的NGOと言うと，(当該分野の)会議に出席しだしたのはOxfamや，活発に議論には参加していないが国境なき医師団もいくつかのイシューについてはポジションを持っている。……(中略)……(これらNGOの)主張やメンバー国の意見が反映されてきた。ここ10年で人道支援系統のNGOの発言は高まっている。無視できない。……(中略)……最終的なステークホルダーはメンバー国だから国家が最終的に決めるのだけれど，こちらに来る前に，国家の中ですでにNGOが動いている。……(中略)……日本のNGOはぜんぜんだめ。バイラテラルな目から見て，色んなインフラを構築する時に助けたり，教育関係を支援したり，外務省がアフリカに対して取り組んでいるヒューマン・セキュリティではNGOは草の根で協力していて，それは立派。それ以外は

イデオロギーが関わっている。それは日本の外交とも関わるが，日本のNGOは目立たないし，そもそも日本のNGOは国際舞台に見られない。

　このように佐藤がNGOを重視しているのは専門家集団として見なしているためであり，自身が所属する機関の意向を補強するための存在として位置づけている。

　インタビューに答えた職員のほとんどはNGOの役割を重視し，関連分野の主要なNGOが発行する報告書に目を通している。しかし取り上げられるNGOの名前は限られており，「ビジネスセクターのスポークスマンのような団体もあり，NGOもピンキリ」との意見も聞かれた。これはNGOから届く膨大な資料や報告書に目を通す時間の確保の必要性や，パートナーと見なすNGOの選別がなされていることも意味する。

　グローバル・ガバナンスはアクター間の調整業務を増大させることとなるが，仕事の難しさについて話す中で，田中 (P3, 女性40代) は調整業務の難しさに触れた。

　　主に政治的難しさ，官僚的難しさ，そもそもリソースのなさ，などといった原因があるが，個々のケースによってぶつかる難しさは違う。またどのようなケースについても難しさは多少はついてくる。決定過程などについても，各レベルがある。大きな会議の議題に上がるまでに，もっと小さなレベルでの議論があるし，それは機関ごとの議論がある。例えば加盟国，ドナー，NGOなど。各機関の議論の場にも出席し，各パートナーの利益や主張を汲みつつコーディネートする。パートナー間の力関係もあるし，それに同調することもある。外からの（各機関からの）リクエストが来るので，それに対して応える必要がある。もちろん，内部のみの討議といったレベルから始まる。自分の経験した難しさは，それは各懸案によるが，情報の共有などの難しさがある。末端のレベルでものすごい時間をかけて話し合っていることも，上の人にどれだけ汲んでもらえるか，情報が共有されているのかという問題はよくある。

田中は国連機関に限ったことでなく，どの組織でも生じる問題であるとしてこの難しさを捉えているが，話の中では決定過程に費やされる時間の長さも強調されている。それは単に組織レベルのことではなく「各機関の議論の場にも出席し」，「ものすごい時間をかけて話し合っている」という表現から，各職員がいかに多くの時間を費やしているかが理解できる。多くの時間をかけたにもかかわらず討議の内容が決定に十分に反映されない場合に，決定を受け入れることに難しさを感じると田中は言う。

　佐藤や田中をはじめ，職員はNGOをパートナーとして見なしているが，パートナーであると同時に競合相手でもあるという意見も出た。冒頭に登場した鈴木は次のように話す。

> はっきりした機関の権限がないテリトリーになると，各国際機関がわーっと（プロジェクトを）取りにくる。（所属する機関が扱うイシューを他の機関は）やってなかったのに，ここ最近はほかの機関もやると言い出した。NGOとは色んなところで競合する。我々と競合するのはどちらかというと大きな組織ではなく，地域，ナショナル（レベルの組織）。

　競合は悪いことでなく，所属機関からNGOに仕事を投げることもあり，NGOに限らず国連機関の間でも競合関係が生じていることが別の職員から聞かれた。新規プロジェクトの企画が立ち上がるか否かは職員によっては雇用契約の延長にも関わることであり，それは単に組織の活動としてだけでなく，職員個人にとっても重要なことである。

▶気を遣う対象としての民間企業

　佐藤がNGOについて話す前にあえて産業界について触れたように，資金調達を仕事の一部としている職員は企業との関係についてNGOよりも多くの時間をかけて話した。佐藤の所属する機関は産業界からの収入によって成り立っており，「産業界には太くて強いパイプがある。常に意見を聞かないと駄目だし，会議にも必ず出席してもらう。日本だと経団連の下部組織や関連する協会，

多国籍企業や中小企業の利益も反映されている」という。職員が資金調達に向かう先は企業だけでなく，財団や宗教団体，NGOなども含まれる。専門機関でプログラムリーダーを務める職員によると，民間企業は財団やNGOなどに比べてより気を遣う対象であることを示した。

> (資金調達の業務は) 難しいことはないけれども，民間企業が利益を上げようとして関わってくる。それを私たちがあおっていると思われたら困るので，(事業を進める上での) ビジビリティの確保には気を遣う。(P4, 40代女性)

> NGOはそんなに問題ないけれど，他の (民間) エージェンシーは裏で何をやっているか分からない。煙たがられるとは思うが，おかしいと思ったことは，はっきり言う。言わないとだめ。埒があかない。本当に問題のエージェンシーがあるとDGに報告する。(P5, 50代女性)

ここで示されている「ビジビリティ」や不透明性に対する追及はガバナンスの要素である透明性や説明責任として言い換えられる。調達先として企業が重要な存在であることには変わりないが，パートナーとして位置づけられる民間企業が増えるほど，透明性や説明責任を確保するための業務や気遣いの必要も増えることが示されている。林 (P4, 30代男性) によれば，「(組織における発言権は) お金を出しているところが一番強い。最も強いステークホルダーは，知識と技術があってお金があるところ」であり，資金を拠出するステークホルダーは当該機関の活動をサポートしつつ，干渉するということが述べられた。

　国家を資金調達先のアクターの1つとして見れば，加盟国に限らず民間企業や財団やNGOなども同等に重要なアクターとして見なされる。林は自らが日本の行政機関出身でないことにも言及した上で，資金や技術，知識といったリソースへアクセスするためのネットワークの重要性を指摘する。リソースには加盟国が含まれるが，加盟国といった場合必ずしも出身国のみを意味するのではない。あくまでより多くの資源を持つ強いステークホルダーであり，さらに

表3.3 政府関係職の経験と現在の職位（2段階）のクロス表

			現在の職位		合　計
			P1～P5	D1以上	
政府関係職の経験	あり	度　数	3	5	8
		政府関係職の経験の%	37.5	62.5	100.0
	なし	度　数	24	1	25
		政府関係職の経験の%	96.0	4.0	100.0
合　計		度　数	27	6	33
		政府関係職の経験の%	81.8	18.2	100.0

（注）　カイ二乗検定は，期待値5未満のセルが出てきてしまうため行うことができなかった。

それは国家である必要はないということである。

　このように，NGOが民間企業との関係が強化されていることを職員は仕事をする中で意識し，その重要性も感じている。しかしNGOとの関わりが増えるということとガバナンスが目的とする複数性とは意味するものが一致していない。いずれにせよ，アクター間の関係強化が職員の仕事量の増大につながっていることが理解できる。

▶揺るぎない出身国との関係

　ここまで登場した職員の話から，職員の業務の中でNGOや民間企業との関係は強くなっており，場合によっては国家と同等に重視されていることが示された。しかし国連での政策の最終的な決定権が加盟国にあるということは大前提であり，調達業務をはじめ出身国である日本とのつながりがいかに重要であるかということも多くの職員が述べた事実である。第1章で見たように国連憲章には「国際機関で働く職員はいかなる国の政府を代表せず，その指揮のもとにも立たず，自らが所属する機構に対して責任を負う国際的な立場にある」とされている。日本との関係について質問をした際に複数の職員がこの条項を暗唱し，自身が「国際的」あるいは「中立的」な立場にいることを強調した。し

かし出身国に対する見方は職員によって異なっており，実際はより複雑である。

　特に高いポストに就いている職員は出身国とのつながりを重視している傾向が見られた。インタビュー対象者のDレベル以上に就いている日本人職員6人のうち5人が元国家公務員であり，高いポストに就いている日本人職員のほとんどが前職である国内の行政機関とのつながりを持っている（**表3.3**参照）。場合によってこのつながりは職員のプロジェクトの活動費や技術面での「全面的」支援を意味することもあり，日本にいる協力者たちを「背負って働いている」との声もあった。また「国際公務員，特に幹部の人。公務員はニュートラルであるというくだらない精神論は早く捨てるべき」と言い切る職員もいた。

　先に登場した佐藤は所属する専門機関に勤めて約20年になる。大学を卒業して官僚になり，役所の仕事で国際的な関係を見聞きする中で外国に関心を持つようになった。就職してすぐに英語を真剣に学び始めていたこともあり，次第に仕事で海外へ出かけるようになり，国際的な交渉に関わる機会を持った際に国連で働いてみたいと具体的なイメージを描くようになった。そんな折，外務省が募集していたAEの試験を受け，それまでの仕事の経験を活かせる専門機関へ2年間出向した。国連での仕事の仕方や上司や同僚との関係の築き方は日本の役所とあまりに異なっており，驚いた。AEの出向任期を終え日本の役所に戻り3年間国家公務員として働いた後，ジュネーブに戻った。それから約20年間，国際公務員として働いている。日本の国家公務員の籍は出向や休職扱いなどを駆使して最大限保持していた。派遣職員は最長6年間，国家公務員の籍を保持しつつ国際公務員として働くことができる。6年が経過した時に佐藤は国家公務員の籍を手放し，直接採用の国際公務員へ転職することに決めた。それは佐藤が当時すでにAEの期間も含めて約10年もの間国際公務員として働いていたことや，家族の希望などがあったからだとしながら，主な理由として日本の行政機関からの期待を受けていたことを挙げた。また所属していた専門機関に残った場合，佐藤の職位はDレベルに昇格することが見えていた。日本政府としてはその機関のDポストを確保したい意向があったため，佐藤が帰国するならば，後任には別の日本人を採用してほしいと機関に依頼したが，候補者が見つからなかったため，日本の役所は佐藤が希望するならば，残るこ

とを勧めたのである。

> （日本の行政機関を）円満退職。退職する時は局長に（壮行会を）主催してもらってずいぶん盛大に祝ってもらった。その時「（我が）庁のジュネーブ支店の支店長だからよろしく」と言われた。嬉しかったですね。そういうのが日本からの期待感を物語っている。その時初めてDを取れた。ほかの機関でもなかなかDポジションは取れない。いまのジュネーブでもそんなにいない。「では残ります」となってさらにD2に上げてもらった。

このように，国家公務員として働いた経験やそこで得たネットワーク，派遣職員として国連機関で働いていた経験，さらに日本の行政機関を円満に退職したことは，その後佐藤が国際公務員として働く上で重要な要素となっている。以下長いが，佐藤の話を引用する。

> 日本を背負っているという意識はある。極論すれば，ここは職員がそれぞれの国を背負ってオリンピックをやっているようなもの。もちろん世界平和という名のもとに仕事をしているのですが……（中略）……それぞれの職員はジレンマを持っていて，「日本のためでなく国際コミュニティのために働いている」と言ったところで他の職員からはそう見られない。他の職員が期待するのは，「日本の代表として物を言えとは言わないが，日本の視点からするとどういう風なことなのか，ということを常にインプットしてもらいたい」ということ。逆に，我々は国際的観点から見て「日本に何をしてもらいたいか」という情報を発信する責任もある。常々日本の政府にはずけずけと物を言う。「日本はそう考えるかもしれないが，国際的相場感からすると日本が今やっていることは間違っている。こうしてください」と言える。なぜ言えるかと言えば，自分は国際社会を代表しているから。2つの顔を併せ持っていないとだめ。この二重性は非常に大事で，この二重性の中での葛藤はしょっちゅうある。……（中略）……（職位の）グレードが高くなるほど国を巻き込んでいく。それを前提として個人の力

量はもちろん必要。デュアリティはもちろん必要。「日本とのパイプありますか」と聞かれて，なければ「関係ないですね」と（言われてしまう）。それで終わりですよ。

国際公務員に転職した頃から，佐藤は事務局長選挙に出ることを考え始めた。選挙は出身国の全面的サポートを得て戦うものであり，佐藤曰く「国を巻き込んでのこと。自分でなく出身国の力が問われ，日本の威信をかけたもの」である。国連の選挙は外務省がその支援を担い，候補者をサポートする。当時，佐藤が担う分野について日本国内で国家戦略が作られていたというような後押しもあったが，選挙に勝つことはできなかった。選挙の結果について佐藤は「かなりいい選挙ができた」と納得しており，選挙を経てさらに高いポストを獲得した。

このように日本政府とのパイプは究極的にはポストを上げるためのツールを持つことでもある。国家公務員を経験している職員はこの点をよく把握しており，調査時点で派遣職員として働く職員も，国連機関でのキャリア形成を考えれば，そのまま残るよりも一度帰国して日本でのポストを上げ，その後国連に戻った方がより高いポストへの近道であると理解していた。

他方，国家公務員の経験のない職員たちからは，ポスト獲得のために概して「日本政府はプッシュが弱い」との不満の声が多数聞かれた。また，一定レベル以上のポストの獲得を目指す際になって初めて日本政府との関係を意識させられたという職員もいる。国連ボランティアを経て空席公募を通じて国連関係機関の職員となった丸山はP2からP3，P3からP4へと次第にポストを上げてきた。「P2からP3に昇進した時には日本政府は何も言ってこなかったけれど，P4に昇進できるかもしれないという話が出た時には日本政府から連絡が入った」と言う。より高いポストであるほど，日本政府の関心は高く，職員は政府からの働きかけを受ける。これらの職員からは，積極的に日本政府と関係を持つことの重要性よりも，むしろ「ニュートラル（な関係性）である」ことが強調された。また，国家公務員を経験していない職員は日本政府に対して厳しい見方をしている。人事制度に限らず，国連や専門機関の会議での日本政府の代表

に対して次のような意見が出た。

> 国際会議に出ていた時に,「ここで日本が言えばいいよ」という場面があります。私はもちろん何も言えません。国連憲章の中で1つの国の利益のために何かしてはいけない,と書いてあるので。けれども日本人だから,見ていて「あ,今,日本だよ,日本が何を言うか聞きたがっているよ」という場面がある。だけど,ぜーんぜん。なぜかと言うと,その人(発言者)は経産省あるいは外務省から送られてきていて,省庁から「こういうことを言いなさい」という原稿があります。でもそれは,こっちに実際来ていないから,(実際の)会議には対応されていないわけです。「とにかく紙に書いてあることを読んでおけば(良い)」と思っていたら何も起こりません。……(中略)……国連を活用するという気持ちが外務省は全くないし。それは20年仕事してきて揺るがない気持ちです。(P4, 40代女性)

国家公務員から国際公務員に転職した職員も,同様の話を挙げている。

> 日本の外交というのはふがいないと思いますね。外務省の人たちも有能な人もいるんですが。代表部の人たちも代理店みたいな仕事をしている。……(中略)……国際会議の議論で見る日本の政府は消極的な代表団。ほとんど発言しない。議論がどんどん前に進んでいても,あらかじめ東京で準備してきたものを読むことしかできない。議論が先に進んでしまうとそれも読めないわけですよね。あれ,何の話をしているの,なんて言われてしまう。それが日本の代表団ですよ。国際会議のマルチな場面でのね。だから非常に日本人として情けないと思います。(D+, 50代男性)

この職員は自らが議会の議長を務める際に,日本が発言しない場合には決断を先送りにする采配を取ることもあるという。他の国のためにすることもあるが,日本に関心を向けるのはやはりそれは自分が「日本人だから」ということにつきる。国連で働く職員の多くは国際公務員になる前から海外での居住経験

や進学経験を持つ。高校生の時に海外へ移住し，大学も海外で進学した職員は，国連に就職することで「日本との関係を再度取り戻すことができたと思った」という。特に海外の大学院に進学した場合，その後日本で就職先を見つけることは困難であると考えられている。これらの職員にとって，国連は就職先であるばかりでなく，日本との関係を再構築する場でもある。

このように日本人職員は日本との関係を持ちながら国際公務員として働いているが，日本政府に対する見方やその位置づけは職員のポストや立場によって異なる。日本を背負って仕事をするのは元国家公務員で幹部職に就いていた職員にその傾向があり，かつて所属していた行政機関との関係の中で国際公務員の仕事を遂行している。また日本政府との関係が求められるポストを目指して自ら動く場合もある。その他の職員の多くは自らのキャリア形成に日本政府との関係や，その必要性を見出していない。むしろ日本政府の政策目標が明確でないとし，職員を通して国際社会の場で日本政府の意向を反映させるにも，そもそもその意向が国内レベルではっきりと打ち出されていないため，無理があると指摘する。前章で見たように日本はより高いポストに日本人を配置することを目指して様々な政策を講じているが，それが多くの職員にとって，直接仕事やキャリア形成に効果を上げているとは考えにくい。

ただしガバナンスのアクターの複数性という意味では，NGOや民間企業との関係が強化されており，その必要性を職員は意識している。同時に，それに伴う仕事が増加する中，国連において最終的な決定機関として加盟国の位置づけは依然中心的なものであり，国家あっての国連との認識が基本である。例えば年報を出す際にも使用するデータは必ず国家に確認を取り，認められなければデータは出せない。それは国内の政治問題に関わることがあるためであり，「非常に気を遣う」ことであるという。国連が自身をグローバル・ガバナンスの主要なアクターとする以上，そこで働く職員が国家以外のアクターを認めつつ，それでも国家の位置づけを揺るぎないものとすることは，国連の存在や位置づけそのものをも維持する上で当然のことであると考えられる。

3−2 流動性を伴う仕事への不安

▶ 移動とキャリアの形成

　国連の雇用条件には専門分野での勤務経験が条件とされているため，国連機関内で転職をする人が多い。調査対象者の転職経験を見ると，転職経験がなく同じ職場（所属機関，場所）にずっと勤めている職員が8人であり，32人中（無回答1人）24人が転職の経験を持つ（**表3.4**参照）。

　転職経験のない職員の中には行政機関からの派遣職員が3人含まれており，30代の3人の内訳は派遣職員2人とJPO 1人であった。その他は国連競争採用試験を受けて就職した職員と，AEから正規雇用になった職員である。これ以外の職員は転職経験を持ち，最も多い職員で8回の転職を経験していた。転職パターンは民間企業から国連機関と政府関係機関から国連機関が最も多い。このほか赤十字やOxfamなどのNGOから国連機関へというパターンや民間企業から政府関係機関を経て国連機関，民間企業からNGOを経て国連機関といったようなパターンも見られる。民間企業から国連機関への転職は1987年以降に国連職員となった人であり，NGOからの転職は全て30代で2007年以降に国連機関に就職した若い職員たちである。国連職員になった後に転職している人は4人であり，国連機関内での転職である。これらのアンケートの結果を見ると，国連が推進する職員の流動性の観点から見た場合，転職よりも所属機関のフィールド・オフィスなど別の勤務地への移動が含まれている。このような地理的な移動は，ポストの上昇といった垂直的移動に関わっている。地理的移動の場合，その距離の程度は様々であり，部署の移動のような機関の敷地内での移動から，ジュネーブに所在する別の機関への移動というような居住地が変わらない同じ街の中での移動，さらに国境を越えて地球の裏側へ行くといった移動もある。

　川田（P4，50代男性）はこれまでの人生で5回転職を経験している。国連で働く前は民間企業や大学で働いていた。国連機関内では現在所属する専門機関を合わせると3つ目である。1つ目はAEとして働いた機関で，その後ジュネーブの専門機関の空席に応募して正規職員となった。現在所属する機関はジュネ

表3.4　年齢（10歳刻み）と転職回数のクロス表

			転職回数				合　計
			0回	1回	2回	3回以上	
年　齢	30代	度　数	3	4	2	2	11
		年齢の%	27.3%	36.4%	18.2%	18.2%	100.0%
	40代	度　数	2	3	0	2	7
		年齢の%	28.6%	42.9%	0.0%	28.6%	100.0%
	50代	度　数	3	4	2	3	12
		年齢の%	25.0%	33.3%	16.7%	25.0%	100.0%
	60代	度　数	0	1	1	0	2
		年齢の%	0.0%	50.0%	50.0%	0.0%	100.0%
合　計		度　数	8	12	5	7	32
		年齢の%	25.0%	37.5%	15.6%	21.9%	100.0%

（注）　この質問項目はでは無回答が1名あったため，合計が32となっている。

ーブにあるため，国連機関の正規職員になってから地理的な移動はしていない。現職場に転職したきっかけは知り合いから後任として来ないかとの話を受けたことであった。

> 初めは出向で行っていました。そのうち1つ上のポストの空席が出て，面接を受けて合格したので移動しました。金銭的メリットはほとんどないけれど，いつまでもP3というのも。私はP2から始まってP3で，いつまでもP3というのも……。ある程度は体裁というか，キャリアアップとして。

このように，職員は自分からより高い空席ポストを獲得することで職位を上げるが，空席が出るまで待たなければならない。原田（P5，50代男性）も国連でのキャリアを始めて以来，20年間継続してジュネーブに住んでいる。原田は機関内を移動することもなく，所属機関内でポストを上げてきた。

昇進するのは本当に大変なのです。周りの人見ているとかわいそう。自分は出世のために動くことはないです。いつも上がぽこっと空いて，そこに入って来た。運が良かった。人が来ては辞め，という繰り返しで気がつけば自分のみ残っているということになっています。……（中略）……P3の時は国連の予算凍結があり，国連職員の昇進が止まって大変でした。上が抜けたらその下の人が入って，ということの繰り返し。最初のことをしているのは自分だけで，移れなくなった。

このように，以前は地理的移動をしなくても昇進できた。また昇進は職員の希望次第で各自が動くことで実現していたが，希望しなければ同じポストに留まることもできた。川田も原田も国連機関に勤めてからはキャリア形成において地理的移動は経験していない。しかし現行制度では昇進には地理的移動を伴うことが望まれており，しかも雇用契約期間が有期となっているため同じポストに留まり続けることも難しくなっている。

▶不安定な雇用制度に対する不満

国連が掲げる職員の流動性の促進は職員の労働条件を不安定にしていることは第1章で見た。この不安定性については特に若い職員の語りの中で触れられた。特にインタビュー当時ちょうどAEの任期である3年目を終え，同時に専門機関で採用が決まったところであった武田（女性，30代）はこのことについて切実に語った。武田のキャリアの始まりは外務省の専門調査員であり，ヨーロッパの2つの都市で合計6年間外務省職員として勤務した後，国連のAE試験を受けて合格した。AEを終えて国連職員の正規ポストを獲得したところであった。武田は2年から3年契約のポストを渡り歩いてきたが，雇用期間の短さについてストレスを感じることはこれまで特になく，せっかく得たチャンスを逃したくないとの思いから，その都度全力で働いた。家族をはじめ周りからは将来を心配されたが，若かったこともあり，有期雇用について自分自身は気楽に考えていた。しかし今になってこの状態に強いストレスを感じるようになっている。現在新たに専門機関でP2レベルのポストを獲得したところであるが，

2, 3年すれば新しい仕事を探さなければならない状況はこれまでと変わらない。ここ数年，毎年履歴書を書きながら「またこれをしなければならないのか」と思うようになった。また以前はAEや専門調査員など年齢制限を気にすることなく応募できたが，これらは年齢を重ねると応募資格がなくなってしまう上，キャリアを積むほど後戻りはできなくなっており，抱えているストレスは大きい。仕事への充実感を抱く一方，所属機関への不満は色々とあり，最大の不満は労働条件である。

> （組織に対する不満として一番思うことは）不安定ということですね。もちろん仕事の中で色々と文句言いたくなることもあるんですけれど，それはある程度自分の努力で改善できるじゃないですか。……でも例えば契約の期間が著しく短いとか。2年の契約なんてもらえるのは長い方なので。ひどい契約は数週間，数カ月というものもあります。ルールも，契約を変えて（更新して）食いつないでいけないようにできている。この契約から次の契約に変わる時に何日間，あるいは何カ月か間を空けなくてはならないとなっている。そうすると，プロジェクトが止まっちゃいますよね。もちろんそのようなことを考えてルールはできていないので，そんなに必要な人であれば正規職員として雇ってください，と。プロジェクトにはそういう風にお金が付いていない，と。そうすると契約なしに，このプロジェクトにボランタリーに参加しなくてはならない，というような。そのようなシステムに問題がある。その不満が一番大きいです。

武田によれば，今の契約から新しい契約の間に空けなければならないこの期間中，社会保険に加入していない状態になる。労働条件に対して明確な不満を持っているが，新たなポストを見つけることが何よりも優先事項であるため，不満を言うよりも次のポスト獲得のために動かなければならない。武田は来る次の就職活動に備えて，より専門性を高めるために博士課程に進むことを考え始めている。労働組合には入っておらず，組合がどんなに動いてもそう簡単に雇用システムが変わることはないとも思っている。2年間の雇用契約では1年

後に次のポストを探し始めなくてはならず，労組に入って運動している余裕はない。

　専門性は流動性の中を生きる上でますます重視されている。しかし専門性は曖昧なものでもあり，個人が受けた教育や訓練，仕事の経験や業務などを果たしてどこまで評価として表すことができるのかという問題を常に含む。例えばグローバル・ガバナンスが強調する透明性，説明責任は活動の評価に関わるが，しばしば国連の活動の効果を直接数字や指標に結果として表すことが難しい場合もある。次に登場する職員は，プロジェクトの効果や結果を事業評価として説明責任を示す上で求められるが，開発援助の効果を数字や指標で表すことの限界を指摘している。藤井（P2，30代男性）は勤めていたNGOからJPOとして開発援助分野の専門機関に転職して1年半が経過したところである。契約期間があと半年と迫る中，次のポストを見つけるためにも自分が関わったプロジェクトの評価を示したい。しかし自分が携わった調整業務を評価することの難しさを実感している。

> アドボカシーをコーディネーションすることは，割が合わない。というのも，やっても当たり前と思われる。コーディネーションは成功して当たり前。逆に失敗すると，そういうところはすごく指摘される。本当言うと誰もやりたがらない。だから自分たちがやっている。確かに成果主義とかネオリベラルな考え方から言えば「結果出せよ」と。すごく分かるけど，でももし自分たちがやらなければ誰がやるんだ，というのがあって。……（中略）……指標に効果として現れる数値が上がって，すごいことじゃないか，と喜ばれる。でも自分たちの活動がその効果と結びついているのか，と言われてもそのつながりを証明できるものは何も出せないんですよ。

　国連機関の開発援助活動への批判が外から出てくるのはある程度当然としながらも，活動の効果を数字として出すことの限界を指摘している。組織の活動の成果を目に見える形で表すことの難しさは，職員自身が担当する業務の成果を表すことの難しさにもつながっている。にもかかわらず，活動の効果や成果，

評価を数字で表すことはガバナンスの名のもとに組織の内外から求められる重要事項である。さらに新しいポストを探す際にも必要とされる。

インタビューの回答者の中で不安定な雇用制度の影響を受けているのは30代の若い職員であり，とりわけAEやJPOとして働く職員であった。外務省によれば，JPOやAEが派遣期間終了後，正規職員として残れる割合は5割から7割と幅が広く曖昧であるが，正規職員に就くことは難しいと認識されている。AEから正規職員となり，現在専門機関のP4ポストに就く女性職員はAEとして所属する機関を選択する段階から，その後のキャリアを考えて戦略的に動いていた。AEの前にインターンとして国連機関で働き，情報を徹底的に集めたという。AEとして働いていた時の同僚は今も連絡を取り合っている人がいるほど大切な仲間ではあるが，当時はその後のポスト獲得の競争相手でもあった。程度の差はあれ，正規職員になってからも昇進を目指す場合には同僚は競争相手であるが，恒久契約任用がなくなった今，特に若い職員の間の競争はシビアなものになっているのではないかと話す。

恒久契約任用が廃止された今，職員は契約期間が終了するまでに次のポストを見つけなければならず，「一生就職活動」をしなければならない。しかし全ての職員が一生就職活動をしなければならないのかといえば，そういうわけではない。国連競争採用試験を経て就職した原田が「昔は（正規職員に）就いたらずっとパーマネント（恒久契約任用）が2年目にもらえた。今は新しいポストに移らないとだめだけれど」というように，すでに恒久契約任用を保持している職員は，契約終了の心配はない。また日本の行政機関から専門機関に出向していた職員は他の機関や場所に移動しないことを条件に，国家公務員から国際公務員に転職したという。このように，国連の機構改革で流動化が促進されているが，同時に安定した雇用条件に置かれている職員も多く，実際には多様な雇用形態のもとに職員は働いている。このため雇用期間だけではなく，福利厚生の面も含めて職員の間に格差が生じており，有期雇用が増加すればますますこの格差は広がることが考えられる。

▶移動と家族関係の構築の難しさ

　所属機関内の別のオフィスへの地理的移動を経験してきた職員はどのような難しさを抱えているのだろう。職員の流動性が促進される中で問題として取り上げられることは，キャリアと家庭の両立である。地理的移動を伴うポストの移動は，職員本人だけでなく家族にとってもライフコースに影響を与えることがある。家族の形成および維持が困難であるという声が複数聞かれた。移動が多く，ストレスの大きい国際公務員にとって家族の存在は支えとなるが，自分自身はもちろん，パートナーの外国での生活への適応，子どもの年齢と教育なども，国際公務員としてのキャリアを重ねる上で考慮すべき要素でもある。配偶者の有無に関する質問では33人中11人が「いない」と答えており（離婚経験者4人），女性にその傾向が強く，配偶者が「いる」と答えた職員のうち，国際結婚をしている職員は女性に多い傾向があった。職員の中には出張や転勤など移動が多いため，人間関係が断続的になってしまうことからパートナーを探すことの難しさや家族関係の構築や維持の難しさを訴える職員もいた。

　山本（D+，50代男性）は異なる専門機関を3つ渡り歩いてきた。初めに就いたポストは激務のセクションであり，1カ月のうち3週間は出張で土日のうちどちらかは出勤していた。そこでの勤務内容を知っていれば通常誰もこのポストへは応募して来ないだろうが，何も知らない人が応募してきていた。自分もその1人だった。「僕のいたユニットはほぼ全員，離婚組。1カ月のうち3週間出張で，ほぼ土日はどちらか仕事。そんな中で家族生活は不可能」。山本もパートナーと離婚した。

　山本が知っている限りでは，うまくいっているカップルはお互いのキャリアを大切にし，基本はそれぞれの勤務地で別居生活をし，長めの休みを取って相手の勤務地で一緒に過ごすというのが1つのパターンである。決断を迫られるのは子どもが欲しくなった時であるが，一方の勤務地に移動することは他方のキャリア形成を遮ることになる。また移動先の街の特徴も適応のしやすさに関わる。国連側が職員の移動を促進するようになっているので，移動を考える際に地理的な条件はあまり考慮されなくなってくるのではないかとも山本は考える。

家族関係については，遠い日本に住む両親の存在が定年後に日本へ戻る理由の1つとなっている。長い間離れて暮らしてきたので親孝行したいと考える職員は山本に限らず，定年が視野に入ってきた職員からしばしば聞かれた。年齢が上がり，親の体調によって日本への帰国のしやすさは重要になった。山本は親の体調が優れないこともあり，ヨーロッパの中でも日本への直行便が少なくとも毎日出ている都市に所在する専門機関に移動した。このように単に距離だけでなく，いつでもすぐに日本に帰ることができるという状況は心理的安心感をもたらしているという。

　複数の国連機関を移動してきた山本が気になっていることは数年後に迎える定年とその後の生活の経済的問題についてである。国際公務員としての勤務年数は10年以上になるが，その前は日本の国家公務員であった。初めに働いた2つの機関は国連共通システムに入っているが，現在所属する機関はそのシステムに入っていない。日本の行政機関に勤めていた期間を含め，どの機関にも年金の最低受給年数所属していないので，「（老後の）生活が間に合わない」との不安がある。

▶女性職員の移動

　国連機関に勤務する日本人職員の男女比は女性の方が上回っており，2012年では日本人職員数（専門職以上）の女性の割合は55.8%である。インタビューに答えた女性職員からは，キャリアを形成する上で地理的移動を伴うことの難しさを挙げており，特に子どもを持つ女性から聞かれた。

　30代の女性職員である上村（P3）はジュネーブの専門機関で働いた後，同機関のフィリピンにある事務所に移動することとなった。ジュネーブで出会ったパートナーとお互い行き来する生活が続く中，結婚し子どもを授かった。日本で出産し，産休が明けると子どもとともにフィリピンへ戻り仕事に復帰した。フィリピンは育児をする上での環境が整っていたため仕事をする上での困難はほとんどなく，お昼休みに職場からすぐ近くの家に帰り，昼食を取って授乳して職場へ戻るという生活を送ることができた。パートナーは長期休暇の際に遊びに来たり，日本出張の際にフィリピンに寄ったり，母子が日本に一時帰国し

ている時に日本に戻って来るなどして会っていた。仕事の面ではフィリピンで関わっていたプロジェクトはやりがいがあり，面白かった。

　他方で，子どもにとっていつまでも父親不在の生活を続けるのは良くないとも思っていた。子どもができるまでは何とかなると思っており，実際に何とかなっていたが，自分の両親や義両親がどう思っているかということや，周りの目も気になった。パートナーは日本の研究機関からジュネーブに出向しており，フィリピンに仕事のために来ることはまずないため，上村がジュネーブに戻ることが現実的であった。ジュネーブでの空席の募集を探し始め，子どもが1歳半の時にジュネーブの本部事務局へ戻った。

　　(子どもが)いつまでも父親がビデオの中の人と思って育つのもどうかなと。そういう意味で，こっちに来られて良かった。定期的に会っていはいたけれど，普段は日曜の午後にスカイプ。初めて娘とジュネーブに着いた時，荷物が出てくるのを待っている間，旦那の姿を確認した娘はコンピュータの中の人がなぜここで動いているのか，というようにきょとんとしていた。

　家族揃って生活する中で，子どもが父親と嬉しそうに遊んでいるのを見ると戻って来て良かったと思う。同時に，フィリピンでは子育てをしながら仕事に集中できる環境がジュネーブよりも整っていたとも感じる。仕事の面では，今のジュネーブでは総会のマネジメントなど政治的な仕事を扱っているが，自分にとってはフィリピンで携わっていたような地域レベルの仕事が面白く，仕事のことだけを考えればジュネーブから出たいと思うこともある。しかし，やはり家族は一緒がいいかなとも思う。今すぐにではないが，パートナーが日本に戻る日が来る。日本に帰るとなると，私の仕事はどうなるかという気持ちがあり，パートナーが日本に帰る場合は「自分も日本に帰ることになるのかな」とも考える。

　　(自分は)ここでキャリアを形成していくんでしょうかねえ？　それは家族の話にもよりけりだと思うので。旦那がいつまでここにいるか分からない

し。まだ旦那はここにいるんですけど。……（中略）……私たちも最初は別々で仕方ないじゃない，と思っていたけれど，いや，家族は一緒に過ごしてなんぼでしょ，という人もいて。色々，それぞれの家族のスタイルがあっていいと思う。とりあえず子どもが生まれてからもパートナーとは1年半は別々だった。スカイプが使えたし，電話もあるし，今はとても便利。

　上村は仕事と子育ての両立を試み，実現している。そのためにジュネーブに戻るという選択をした。同時に上村は家族を優先することが，自分のキャリア形成に影響を与えていることを明確に感じている。移動することがキャリア形成の条件としてより意味を持つようになっている国連は，移動の決定には家族の意向を汲むこともある。上村とは別の専門機関に勤める職員（P5，50代男性）はより高いポストに空席の募集が出たが，別の国での公募だったため家族が反対し，諦めたという。この職員は有期雇用ではないため，そのままのポストに留まることができたが，今後は有期雇用契約を更新しながら働くより多くの職員が，生活の場を数年おきに変える選択を迫られることとなる。家族が一緒に暮らした方が良いと職員は考えているが，上村のように家族離れて生活することを選択したり，子どもが一定の年齢に成長した時に家族はそれぞれ好きな場所でばらばらに生活したら良いと考える職員もいた。新しい家族のあり方が模索されている。しかし上村がフィリピンからジュネーブへ戻ったことは，流動性と家庭の両立の難しさを示している。

3－3　ガバナンスを活かす職員の能力

▶専門性の支配

　国際公務員は，多様なステークホルダーとの関係強化の必要性や，それに伴って生じる仕事の増加，不安定性をもたらす流動性の促進といった国連の要求の変化にどう対応しているのか。これを可能にしているのは，専門性を活かす職場としての国連という認識，さらに国際公務員としての意識などが挙げられる。インタビューに答えた職員たちは国際公務員となった動機として自らの専

門性を活かすことを挙げている。アンケート調査で国連機関を就職先として選んだ動機を問う質問に対し，「専門性を活かしたい」との回答が最も多く，「キャリアアップ」や「やりたい仕事がここのみ」といった専門性と関連する回答を含めると全体の42％にのぼる。「世界平和に貢献したい」や「開発途上国の支援をしたい」といった地球規模の問題意識を挙げた回答は合わせて9人（27％）であり，「海外で働きたい」，「海外で生活したい」，「外国語を使用したい」というような国際性を重視した人は6人（18％），「給与」を挙げた人は3人（9％）であった。

> 大学を博士までやっているので，（就職先は）やはりなんとしてもその専門を活かせるところがいいと思いました。今までやってきたことを通せたらいいと思っていました。入って，また一から始めるのは非常に面白くないので。これまでのことをせっかくやっていたので。ですので，（国連競争採用）試験が終わってどういうところ（機関）からオファーがくるのか心配していた。研究機関のようなところがいいけれど，と思っていたら運良くそういうところに回してくれた。そういう意味では本当によかった。（D+，50代男性）

> 国際的な仕事に関わりたいと思っていたけれど，専門性を身につけて，専門性を背景にして国際的な仕事に就きたかった。専門性の強い分野で勉強して，その上で国際的な仕事をしたかった。（P4，30代男性）

専門性は仕事をする上で活かすものとして見なされているが，流動性に対応する上でも必要なこととして職員に認識されている。高い流動性に耐える上で専門性が効果を発揮する要素であることはセネットも指摘していることである。確かに医師免許を持つ本田（P4，30代男性）は同じ勤務年数や同年代の職員に比べて高い職位におり，新しいポストに関する心配はあまりない。しかし本田は所属する組織でキャリアを築いていくためには，医療分野の専門性よりもむしろマネジメント能力の必要性を強調した。「パワー」が必要であり，そのパワ

ーとは「リソースを集中させるバックグラウンドがあるか,日本から(リソースを)引っ張って来られるか,そしてチームをまとめられるか,(チームの中心となっている)アングロサクソンをまとめられるか」ということであるという。本田は自分が所属する専門機関よりもむしろ,自分のチームへの帰属意識の方が高いと感じている。現在関わっている事業が続く限り所属機関でのポストの心配はないが,「ここ(所属機関)に限らず,民間も含めて自分の専門に関わる仕事ができればよい」と考えている。また途上国で仕事をすることに興味を持っており,そのような機会があればぜひ挑戦したいと,流動性に対しては前向きに捉えている。本田は自身の専門性を活かすことを仕事をする上で重視しており,そのためならば組織を離れることも厭わない。

前節に登場した雇用の不安定性に苦しむ武田も同様に専門性を重視している。国連で働きながら博士課程に進む準備をしているが,それはポストを探す上で他の競争相手と少しでも差をつけるために必要なことだと考えているからだ。また開発援助分野での評価について,活動を数字で表すことに限界を感じていた藤井も,仕事の中で見つけた課題を研究テーマとし,レポートとしてまとめることを考えている。

このように広い意味で使用されている専門性は単に仕事で活かすものだけでなく,新たなポストや就職先を獲得する上での重要事項として位置づけられる。「専門性」を作り上げる場である大学は,国連職員にとって転職先の1つとして見なされており,実際に定年を数年後に控える職員や契約期限が近づいている職員は,次のキャリアとして大学で教えることを思い描いていた。

▶移動を伴う生活の経験

職員は専門性を活かす場として国連機関で働いているが,海外での居住経験や,とりわけ大学や大学院での就学経験も就職動機と結びついている。インタビュー回答者の多くが海外での居住経験や就学経験を就職前に持っており,中には幼少期を海外で過ごした人も多い。アンケート調査の結果では,33人の回答者のうち現住地が初めての海外での居住地という人は全体の約12%であり,残りの約88%の人は現居住地以外での海外での居住経験を持つ(**表3.5**)。

海外での居住国数が最も多かった職員は6カ国であり，平均は2.6カ国であった。つまり現住地のほかに1，2カ国の外国での居住経験を持つ。居住地として最も多い国は米国であるが，これは親の仕事の都合で幼少期に居住していた場所として，また留学先として圧倒的に多い。欧米のほかに多い地域はアジア，アフリカであった。これは開発援助分野で働く職員に多く見られた回答である。

海外での就学経験の有無について就学経験が「ある」と答えた人は30人で全体の9割を超える。外国の大学院への進学，留学を経験している人は23人で全体の約7割にのぼり，さらに小学校から大学院の間に外国での就学経験のある人は30人であった。外国での就学経験がないと答えた3人は国家公務員から国連機関への派遣，あるいは転職により国連職員となった職員である。海外での居住経験や就学経験は，専門知識や語学力を身につけるだけでなく，新しい土地で生活を始めることへの障壁を低くしている。さらに多くの場合，これらの経験は国際的な仕事に興味を持つきっかけを作っている。

バンコクで小中学生の時期を過ごした北川は，自分と同じくらいの歳の子どもが働いているのを見て育った。暴動が起きた時は学校の先生が犠牲になるなど，社会問題や国際問題が目に見える形で身近にあったという。このことが，人道支援分野で仕事をするきっかけとなり，NGOでの仕事を経て現在専門機関で働いている。また9歳の頃レバノンで過ごした職員も，紛争が生じて家族でギリシャに避難した経験が国連で働くきっかけとなった。幼少期にこのような海外での特殊な経験を持たなくても，海外で学ぶために高校生の時や高校を終えてすぐに日本を離れ，学業を終えた後に国連で仕事をする機会を得たという職員も多い。通っていた大学の教授の紹介や，大学で掲示されていた広告に偶然目が留まったことがきっかけだという話も複数聞かれた。海外での就学を終えた職員に共通する話は，日本での就職はまず難しいと考えられていたことである。特に大学院まで進学している職員が多いため，学部の新卒採用を積極

表3.5　海外居住国数

	度数	%
1カ国	4	12.1
2カ国	9	27.3
3カ国	8	24.2
4カ国	7	21.2
5カ国	2	6.1
6カ国	3	9.1
合計	33	100.0

的に行う日本で就職活動をする選択肢を持っていなかった人が多い。

> まあ（長年の海外生活を経て），やっぱり日本には帰れないし。というのも日本はご存知のように，外（国）に行ったらもうさ，ないじゃん。（日本とのつながりが）何にも。だから無理でしょう。そういうなんか，消去法でもないけどさ，やっぱさ，自分に合うのはそういう所（国連機関）なのかな，と思って。ま，だめならだめでもいいけれど，でもやってみようかなあ，なんて思って。(P4, 40代女性)

このほか，女性職員が「就職するにあたり，女性であるという自分の立場もあった」(P3, 40代女性)というように，ジェンダーの観点から国連は日本国内に比べてより良い労働環境のもとで働けると考えられている。

▶国際公務員としての職業意識

インタビューに答えた職員は国連機関の変化に対して，多様なステークホルダーとの関係強化や，それに伴って生じる仕事量の増加といった変化にどう対応しているのか。これを可能にしているのは，国連機関が専門性を活かす職場として見なされていることに加え，国際公務員としての意識がそこにある。

専門性を活かすことができるという点は職員の就職動機と強く結びついているが，先に登場した山本はより高い専門性が求められるほど，専門性を活かす職場として国連が選ばれるインセンティブは今日弱まっているのではないかと指摘している。というのもより高い専門性を持つ人はより高い給料を出す民間企業に流れるだろうし，民間企業は国連のように流動性を促進しているわけでもない。また専門性だけを重視するならば民間企業や大学などそれを活かす場があるからである。こう前置きした上で，国際公務員としての自身の仕事を次のように表現した。

> 各国の交渉の狭間に自分がいて，麻薬的な刺激があり，それがないと寂しい，というような。病気ですよね。そういうのがありますよね。各国の利

害を超えたところに自分がいる，という特殊な立場が麻薬的な効果をもたらしているのかもしれません。

このような刺激的な立場で仕事できるのは国際公務員だけであるという。山本も含めて国家公務員の経験を持つ職員は，国益の追求を前提とした，多くの場合2国間の交渉や調整に対して国連機関での複数の国家やアクターの間に立って仕事することの魅力を強調する。また開発援助分野で働く別の職員はこの分野で十分な給料を支給する機関として国連を位置づけつつ，NGOにも国連機関にもそれぞれ限界がありながら，それぞれにしかできない役割があるとする。

職員が働く上で国連に見出す価値として，多様性が尊重される点が挙げられた。

> ここでは1つの価値で生きていかなくていい。マルチな価値で生きられることが，私にとって居心地が良い。多様性が大事にされている。多様性が大事にされているということは，はっきり決まらなくて，なんだかモヤモヤするけれど，それでよしとしよう，という価値観。(P4, 40代女性)

多様性を重視することはガバナンスが強調する効率性と相容れない。国連は理念の面では多様性を重視しつつ，ガバナンスのもとに改革を進行中である。上の発言をした女性と同じ専門機関に勤める藤井は，次のように話している。

> (仕事を) 早くやろうとすると透明性が失われ，資金の用途が分からなくなったりするのだけれど，何をよしとするかは僕も分からない。アセスメントの話をしに (カウンターパートの国の) 教育庁に行くと，今日はラマダンなので帰りますとか。効率的になりえない。違う人たちが違う文化と言葉を持ち寄ってやろうとするので。バランスの問題はある。

▶自己に対する評価

　専門性も含めて自己の能力に対する評価は，ますます増える仕事を前に自らを奮い立たせる要素となる。インタビューの中で，抱える仕事の量がいかに多いかということに触れた職員は次のように話した。

> 白書の出版や学生を対象にしたプレゼンテーション，これらに加えて事務局長の評価も含めたアシスタントの仕事もしている。今の仕事量は異常。異常な仕事量で，週末も働いているし，有給休暇は1日も取れていない日がここ5カ月ほど続いている。みんなに倒れないか心配されるほど，仕事をしている。……（中略）……仕事のできる人間に仕事は集中する。(P4, 50代男性)

> （現在所属する機関に）転職できるかもしれないという話が来た時に，自分だから話がきた，自分に開かれた機会だと思った。そういう意味で，自分に合った場所を見つけている。……（中略）……自分ならではの強みがある。その強みを活かしているというところで仕事をする。……（中略）……ワーキングストレスがものすごくかかることもある。「自分は何をしているんだろう」と思うこともある。(D+, 50代男性)

　このように仕事の中で生じるストレスは，他でもない自分であるから任されていると理解することで，受け入れられている。それは職員が持つ専門性に対する外からの，また自分自身による評価でもあり，仕事への大きなモチベーションを生む。

　そしてこの自己に対する評価は場合によって日本人に対する評価として認識されている。抱える仕事量の多さについては自身が日本人であることを引き合いに出すことで納得する声も多く聞かれた。例えば「日本人はよく働くから」，「遅い時間まで電気が灯っている事務所は日本人の事務所だ」，「日本人はコツコツ仕事をする」といったものだ。これに対して，他の文化的背景を持つ同僚について「簡単に休暇を取る」，「のんびりしている」，「仕事が動かない」とい

った見方が示された。先に登場した佐藤も次のように述べている。

> (日本人の国際公務員は) 期待されている。あの人は日本人だからちゃんとやってくれるだろう，と。色んな機関で監査役とかお金を扱うポジションに日本人がけっこう登用されているのはそういう理由ですよ。日本人ならば間違いないし，嘘は言わないし，ちゃんと約束したことをやってくれるだろうと。そういう期待にそれぞれの人が応えていかなくてはいけない。日本人の看板を背負っているのだから。そこまで責任を感じている人は管理職になろうかという人だけかもしれないけれど，少なくとも他の国からの期待感はある。

このようにしばしばステレオタイプとして表現される文化的差異を意識することで，忙しさや膨大な量の仕事やストレスを伴う仕事が受け入れられている。

▶日本人職員同士のつながり

流動性の中を生きる職員から，家族関係の構築の難しさが取り上げられた。職員自らのみでなく，同僚や友人も移動するため，家族に限らず人間関係はインターネットをはじめとする情報技術によるところが大きい。とりわけ日常生活の中で生じる困難や苦痛を抱えた際の支えとして，日本人職員のコミュニティやネットワークが機能している。日本語を使ってコミュニケーションができる日本人の同僚は仕事のことから私生活のことにわたって相談できる大切な仲間である。その多くは子どもを介したつながりや，長く滞在している職員によって形成されており，問題があった際には相互に助け合う。例えば日本人の同僚が入院した場合や子どもの出産時に病院へ見舞いに行ったり，旅行に出かけたりと強いつながりが構築されていることも事実である。これらのつながりは勤務年数が長く，ある程度一定の場所に住んでいることで成り立つ部分が大きい。

機構改革に伴う変化について，インタビューに答えた国際公務員は不満やス

トレス・不安として表現した。それは仕事内容だけでなく，自らのキャリア形成，さらには職員の私的領域でも同様に見られ，職員に限らず，場合によっては職員の家族にも及んでいる。同時にこれまでの経験や培ってきた専門性，さらに専門性を向上させようとする前向きさや同僚とのネットワーク，国連の持つ独自性を支えに，これらの変化を受け入れ，柔軟に対応している。セネットは労働者が抱く強いストレスや不安は，組織に対する帰属心の低下をもたらすとしたが，国際公務員のこのような真面目な態度は，ガバナンスをさらに促進させていると考えられる。

注

1) R. Sennett, *The Culture of the New Capitalism*, 2006.（森田典正訳『不安な経済／漂流する個人：新しい資本主義の労働・消費文化』大月書店，2008年）
2) これらほかに，国際機関であるICRC，OECD，Global Fundに所属する日本人職員にもインタビューを行ったが，本章では国連機関のみ取り上げ，扱わない。
3) ジュネーブの日本人職員会（JSAG）がメーリングリストを作成している。会員数は約120名。
4) 一般職の職員（General Staff, Gスタッフ）にもインタビューに答えてもらったが，ここでは流動性が求められる専門職の職員のみを分析対象とする。
5) D+にはASGも含む。

結　論

　本書では，ガバナンスの現況と課題について現場でのメカニズムを明らかにすることを目指し，ガバナンスが国際公務員に及ぼした影響を見てきた。グローバル・ガバナンスの一アクターとして重視される国連は，国家以外のアクターであるNGOや民間企業とのつながりを強化し，政策過程において多元的なアクターの参加を重視するようになっている。同時に組織のガバナンスの必要に迫られ機構改革に取り組み，人事制度は改革事項の中でも大きな比重を占めるようになった。その中で，職員の流動性の促進は機構改革の柱として位置づけられ，この流動性を確保するための制度が設置された。しかし職員にとってこの改革は勤務条件を不安定なものにし，さらに膨大な仕事量やガバナンスに対応するための専門性を絶えず更新することがこれまで以上に求められるようになった。

　日本は国連加盟を果たした後，経済的な貢献を積極的に行っている。また国連が提唱するグローバル・ガバナンスに応じ，対国連外交の中ではヒューマン・セキュリティを積極的に支持するなど，国際社会における外交戦略の転換が見られた。同時に国内では行政機関の改革が実施され，国際化の促進に伴い国連機構と関わりを持つ行政機関が広がっているなど，ますます多くの国家公務員が仕事の中で国連機関と関わりを持つようになった。またNGOやNPOの育成に多くの予算が充てられるようになった。他方，国連の人事制度については日本人職員を通して自国の裨益を反映させる手段として見なしており，日本人職員の人数の増強や高位ポスト獲得に向けた努力に重心が移っているが，国連の人事制度に対する直接的，具体的な働きかけは見られなかった。

　国連は機構改革を推進中であり，組織は過渡期にあり，職員の任用にあたって雇用形態は同じ機関に勤める職員の間でも異なる。このため，国連機関で働く日本人職員は組織の改革によってもたらされる仕事の変化を強く意識している人もいれば，そうでない人もいる。いずれにせよ，求められる効率性に矛盾を感じたり，増える仕事の量にストレスを感じている。特に流動性が促進され

る中,不安定な雇用条件のもとで働く職員は不満や不安を抱いているが,これらの不安や不満は新しいポストを獲得することへのモチベーションとして転換されていた。また,これまで移動を経験してきた職員は移動が孕むリスクと向き合ってきた。それはキャリアの妥協であったり,夫婦関係の構築や維持の断念を伴って受け入れられていた。他方,家族関係に関しては新しい家族像のあり方が模索されていることも事実であり,家族とキャリアの両立を試みている職員もいる。また流動性への対応としては,専門性を絶えず更新する態度が見られた。専門性は広い意味で使用され,職員によって意味するものは異なるが,ガバナンスをより進めるものとして,あるいは職員がガバナンスに対応するものとして専門性の比重はますます大きくなると考えられる。

　セネットの言う「新しい資本主義」がもたらした新しい組織構造が抱える労働者の特徴——帰属心・インフォーマルな信頼・知識の低下——は,ここで見てきた日本人国際公務員にも見られるだろうか。帰属心について検討してみると,将来の就職先として国連機関にこだわらず,民間も含めて視野に入れていると語った若い職員は所属機関への帰属心は薄かった(実際にこの職員は「所属機関よりもチームへの帰属意識の方が高い」と語った)。しかし多くの職員は組織というよりも国際公務員という職業への帰属心を抱いている。それは国連が専門性を発揮できる場として見なされているからである。セネットは将来設計が可能であることが「個人の行動と力の幅の拡大」への実感につながると述べたが,「将来設計が可能であること」は「専門性が発揮できること」と言い換えることはできるのか。セネットの言う「将来設計が可能であること」というのは即ち継続的に同じ組織に所属できるという信頼であるが,雇用期間が短い場合,専門とする分野によっては専門性を発揮するための十分な時間が得られない。この点において個人の力の幅の拡大の実感には届かないと考えられる。しかし第3章で見たように,組織を離れる可能性を常に持つ職員は,その時に備えてさらなる専門性の強化を図る。国連職員にとっては新しいポストを獲得する時々でそのような実感を得ることになるのだろう。

　このような国連職員は渋谷望の言う「自己実現の手段として労働それ自体でよきものとして認識」した労働者像に重なる。渋谷によれば,「〈快楽〉ないし

〈自己実現〉の場としての労働を強調するアプローチによって個人と労働との間の運命主義的な強固な心理的絆は解かれ，組合への結束は解体される。代わって産業構造の変化にフレキシブルに対応可能な労働力が創出され」た労働観の転換があったという[1]。

セネットや渋谷の描く労働者像に国連職員を照らすと，ガバナンスの名のもとに機構改革を進める国連機関の組織運営には「新しい資本主義」あるいは「ネオ・リベラリズム」の要素が見られる。グローバル・ガバナンスやガバナンスはこれらの道具として，職員の生活の場にまで影響を及ぼしている。

本書ではガバナンスの推進が労働者としての国連職員に及ぼす影響を見てきた。職員は真面目にこの影響に対応しているが，このことが公的機関としての役割を担い，複数性を尊重するという価値を持つ国連にとって望ましい方向へ進む力となるかという点について，問われるべき課題である。国連の機構改革が組織に及ぼす影響については慎重に検討する必要があるが，紙幅の制限もあるため別の機会に譲りたい。しかし，持続可能性という観点から，機構改革がもたらした国連職員，とりわけ若い職員が置かれている現在の状況には無理があると言える。

注

1) 渋谷望『魂の労働：ネオリベラリズムの権力論』青土社，2003年，55頁。

参考文献

日本語文献

明石康・高須幸雄・野村彰男・大芝亮・秋山信将『日本と国連の50年：オーラルヒストリー』ミネルヴァ書房，2008年

赤根谷達雄ほか『増補改訂版「新しい安全保障論」の視座』亜紀書房，2007年

天児慧『日本の国際主義：20世紀史への問い』国際書院，1995年

居安正『エリート理論の形成と展開』世界思想社，2002年

五百旗頭真編『戦後日本外交史』有斐閣アルマ，2010年

井上寿一『日本外交史講義』岩波書店，2003年

伊豫谷登士翁『グローバリゼーションと移民』有信堂高文社，2001年

伊豫谷登士翁『グローバリゼーションとは何か：液状化する世界を読み解く』平凡社新書，2002年

伊豫谷登士翁『移動から場所を問う：現代移民研究の課題』有信堂高文社，2007年

入江昭『新・日本の外交：明治維新から現代まで』中央公論新社，1996年

碓井敏正『グローバル・ガバナンスの時代へ：ナショナリズムを超えて』大月書店，2004年

内田孟男・川原彰編『グローバル・ガバナンスの理論と政策』中央大学出版部，2004年

内山融・伊藤武・岡田裕編『専門性の政治学』ミネルヴァ書房，2012年

遠藤誠治『グローバリゼーションとは何か』CAD出版，2003年

大江博『外交と国益：包括的安全保障とは何か』日本放送出版協会，2007年

大久保史郎編『グローバリゼーションと人間の安全保障』日本評論社，2007年

大住荘四郎・上山信一・玉村雅敏・永田潤子『日本型NPM：行政の経営改革への挑戦』ぎょうせい，2004年

大住荘四郎『NPMによる行政革命：経営改革モデルの構築と実践』日本評論社，2003年

外交政策決定要因研究会編『日本の外交政策決定要因』PHP研究所，1999年

梶田孝道『新・国際社会学』名古屋大学出版会，2005年

片岡寛満『官僚のエリート学：「官の論理」を「国民の論理」に組み替える』早稲田大学出版部，1996年

加藤晴久編『ピエール・ブルデュー：1930-2002』藤原書店，2002年

上山信一『「行政経営」の時代:評価から実践へ』NTT出版, 1999年
神余隆博『多極化世界の日本外交戦略』朝日新聞出版, 2010年
川手摂『戦後日本の公務員制度史』岩波書店, 2005年
北岡伸一『グローバルプレイヤーとしての日本』NTT出版, 2010年
北川隆吉・貝沼洵『日本のエリート』大月書店, 1985年
京極純一『日本の政治』東京大学出版会, 1983年
功刀達郎・毛利勝彦『国際NGOが世界を変える——地球市民社会の黎明』東信堂, 2006年
黒神直純『国際公務員法の研究』信山社出版, 2006年
国連広報センター編『回想・日本と国連の三十年』講談社, 1986年
歳川隆雄『外務省の権力構造』講談社, 2002年
佐藤郁哉『フィールドワーク増補版:書を持って街へ出よう』新曜社, 2007年
佐藤英夫『対外政策』東京大学出版会, 1989年
信田智人『冷戦後の日本外交』ミネルヴァ書房, 2009年
渋谷望『魂の労働:ネオリベラリズムの権力論』青土社, 2003年
清水唯一朗『政党と官僚の近代:日本における立憲とうち構造の相克』藤原書店, 2007年
庄司真理子・宮脇昇『新グローバル公共政策』晃洋書房, 2011年
城山英明『国際行政の構造』東京大学出版会, 1997年
城山英明・鈴木寛・細野助博編『中央省庁の政策形成過程』中央大学出版部, 1999年
城山英明・細野助博編『続・中央省庁の政策形成過程:その持続と変容』中央大学出版部, 2002年
城山英明『国際援助行政』東京大学出版会, 2007年
進藤榮一『国際公共政策:「新しい社会」へ』日本経済評論社, 2010年
A. セン/東郷えりか訳『人間の安全保障』集英社新書, 2006年
A. セン/加藤幹雄訳, 山脇直司解題『グローバリゼーションと人間の安全保障』日本経団連出版, 2009年
総合研究開発機構編『グローバル・ガバナンス:新たな脅威と国連・アメリカ』日本経済評論社, 2006年
添谷芳秀『日本のミドルパワー外交:戦後日本の選択と構想』筑摩書房, 2005年
高阪章『国際公共政策学入門』大阪大学出版会, 2008年
高野雄一『国際組織法』有斐閣, 1975年
高橋哲哉・山影進編『人間の安全保障』東京大学出版会, 2008年
田所昌幸・城山英明編『国際機関と日本:活動分析と評価』日本経済評論社, 2004年

溪内謙・阿利莫二・井出嘉憲・西尾勝編『現代行政と官僚制（上・下）』東京大学出版会，1974年
辻清明『新版日本官僚制の研究』東京大学出版会，1969年
辻清明，『公務員制の研究』東京大学出版会，1991年
中道實編『日本官僚制の連続と変化：ライフコース編』ナカニシヤ出版，2007年
中道實『日本官僚制の連続と変化：ライフヒストリー編』ナカニシヤ出版，2007年
日本国際連合学会編『21世紀における国連システムの役割と展望』国際書院，2000年
日本国際連合学会編『人道介入と国連』国際書院，2001年
日本国際連合学会編『グローバル・アクターとしての国連事務局』国際書院，2002年
日本国際連合学会編『民主化と国連』国際書院，2004年
日本国際連合学会編『市民社会と国連』国際書院，2005年
日本国際連合学会編『平和構築と国連』国際書院，2007年
日本国際連合学会編『国連研究の課題と展望』国際書院，2009年
日本国際連合学会編『新たな地球規範と国連』国際書院，2010年
日本国際連合学会編『安全保障をめぐる地域と国連』国際書院，2011年
日本政治学会編『日本の圧力団体』岩波書店，1960年
蓮池郁代『国連行政とアカウンタビリティーの概念』東信堂，2012年
早川征一郎『国家公務員の昇進・キャリア形成』日本評論社，1997年
原田勝広『国連機関でグローバルに生きる』現代人文社，2009年
原田久『NPM時代の組織と人事』信山社出版，2006年
広部和也，田中忠編集代表『国際法と国内法：国際公益の展開』勁草書房，1991年
福田耕治『現代行政と国際化』成文堂，1995年
福田耕治『国際行政学：国際公益と国際公共政策』有斐閣，2003年
藤田久一『国際法講義〈1〉：国家・国際社会』東京大学出版会，2010年
細谷千博・綿貫譲治編『対外政策決定過程の日米比較』東京大学出版会，1977年
真渕勝『官僚制』東京大学出版会，2010年
三橋利光『国際社会学の挑戦：個人と地球社会をつなぐために』春風社，2008年
三橋利光『国際社会学の実践：国家・移民・NGO・ソーシャルビジネス』春風社，2011年
三宅一郎『平等をめぐるエリートと対抗エリート』創文社，1985年
村松岐夫『戦後日本の官僚制』東洋経済新報社，1981年
村松岐夫編『公務員制度改革』学陽書房，2012年
最上敏樹『国際機構論』東京大学出版会，2006年
茂木健一郎・NHK「プロフェッショナル」制作班編『プロフェッショナル仕事の流儀

3：WHOメディカルオフィサー，左官職人，塾／予備校　英語教師』NHK出版，2006年

望田幸男・碓井俊正編『グローバリゼーションと市民社会：国民国家は超えられるか』文理閣，2000年

森川俊孝・佐藤文夫『新国際法講義』北樹出版，2011年

藪中三十二『国家の命運』新潮新書，2010年

薬師寺克行『外務省──外交力強化への道』岩波新書，2003年

山本吉宣『国際レジームとガバナンス』有斐閣，2008年

横田洋三編『新版　国際機構論』国際書院，2002年

横田洋三・宮野洋一編『グローバルガバナンスと国連の将来』中央大学出版部，2008年

吉田良生ほか編『国際人口移動の新時代』原書房，2006年

渡辺昭夫・土山實男編『グローバル・ガバナンス：政府なき秩序の模索』東京大学出版会，2001年

渡辺聰子・A．ギデンズ・今田高俊『グローバル時代の人的資源論：モティベーション・エンパワーメント・仕事の未来』東京大学出版会，2008年

日本語論文等

位田隆一「国際連合と国家主権：国際機構の自校生と国家主権によるコントロールの対峙」『国際法外交雑誌』(有斐閣) 第90巻 (4)，1991年

坂根徹「国連システムにおける調達行政の意義と企業・NGOの役割」日本国際連合学会編『国連研究の課題と展望』国際書院，2009年

伊藤正次「日本の金融検査行政と『開かれた専門性』：その態様と可能性」内山融・伊藤武・岡田裕編『専門性の政治学』ミネルヴァ書房，2012年，207-249頁

稲田十一「開発・復興における『人間の安全保障』論の意義と限界」『国際問題』(国際問題研究所) No. 530，2004年

猪口孝・三上了「ガバナンスと国連千年紀開発目標：ワン・ユーエヌ指導下の8カ国の実証分析」『公共政策研究』(日本公共政策学会) 第7号，2007年

今里滋「融解する政府職能──民間専門家と"プロクシィ・ガバメント"」『季刊行政管理研究』第79号，1997年

今里滋「官僚構造と行政システムの崩壊」『神奈川大学評論』第31号，1998年

今里滋「行政改革と公務倫理：内なるガバナンスの構築へ向けて」『年報行政研究34　行政と改革』ぎょうせい，1999年

植木俊哉「『主権国家』概念と地域統合：その国際法的分析」『国際問題』(日本国際問題研究所) No. 378，1991年

臼井勝美「外務省――人と機構」細谷千博ほか編『日米関係史1：開戦にいたる10年（1931～41年）』東京大学出版会，1971年，113-140頁

内田孟男「グローバル・ガバナンスにおける国連事務局の役割と課題」日本国際連合学会編『グローバル・アクターとしての国連事務局』国際書院，2002年，9-24頁

内田孟男「新たな地球公共秩序構築へ向けて：国連の役割に関する考察」『国際政治』（日本国際政治学会）第137号，2004年，12-29頁

大芝亮「国連システムの役割と課題」総合研究開発機構編『グローバル・ガバナンス：新たな脅威と国連・アメリカ』日本経済評論社，2006年，284-302頁

大芝亮「グローバル・ガバナンスと国連」総合研究開発機構編『グローバル・ガバナンス：新たな脅威と国連・アメリカ』日本経済評論社，2006年，318-327頁

折田正樹「国連安保理改革と日本：日本の安保理常任理事国入り問題」横田洋三・宮野洋一編『グローバルガバナンスと国連の将来』中央大学出版部，2008年，95-122頁

栗栖薫子「人間の安全保障『規範』の形成とグローバル・ガヴァナンス：規範複合化の視点から」『国際政治』（日本国際政治学会）第143号，2005年，76-91頁

坂根徹「国連システムにおける調達行政の意義と企業・NGOの役割」日本国際連合学会『国連研究の課題と展望』国際書院，2009年，175-194頁

島田剛「国連開発システムの政治経済学：ジャクソン報告から一貫性パネルまでの改革議論の変遷と今後の改革の可能性」日本国際連合学会編『国連研究の課題と展望』国際書院，2009年，131-151頁

下村泰民「経済発展とグッド・ガバナンス」『国際協力研究』Vol. 14,（1），1998年，1-8頁

庄司真理子「グローバルな公共秩序の理論をめざして：国連・国家・市民社会」『国際政治』（日本国際政治学会）第137号，2004年，1-11頁

城山英明「国連財政システムの現状と課題：多様な対応とマネジメントの試み」国際連合学会編『グローバル・アクターとしての国連事務局』国際書院，2002年

菅原絵美・前田幸男「企業の社会的責任と国連グローバル・コンパクト：サプライチェーン・マネジメントにみる企業と人権の関係構築」日本国際連合学会編『新たな地球規範と国連』国際書院，2010年，99-125頁

竹本信介「戦後日本外務省の〈政治力学〉：外交官試験と外務省研修所の考察を手がかりに」『立命館法学』(1)，2010年

塚田洋「カナダ外交における『人間の安全保障』」『リファレンス』第651号，2005年

坪内淳「国際関係における越境問題の位相：日本の外交安全保障政策アジェンダ・セッティングの根本的誤謬」『公共政策研究』（日本公共政策学会）第7号，2007年

貫芳祐「ジェームズ N. ローズノウの『21世紀におけるガバナンス』論」『経済志林』

(法政大学) 71 (4), 2004年

中井愛子「グローバル・ガバナンスの構想と批判」内田孟男・川原彰編『グローバル・ガバナンスの理論と政策』中央大学出版部, 2004年, 35-69頁

中内康夫「国連における日本人職員増強問題」『立法調査』(国立印刷局), No. 305, 2010年

中山俊宏「米国における国連不信と保守派の言説」日本国際連合学会編『民主化と国連』国際書院, 2004年, 87-105頁

蓮池郁代「国際連合とグローバル・ガバナンス：国際連合における管理型アカウンタビリティーの概念の次元」『一橋法学』(一橋大学大学院法学研究科) 第5巻第2号, 2006年, 595-639頁

波多野敬雄「21世紀の世界と国連システム：16人委員会の提言案を中心に」日本国際連合学会編『21世紀における国連システムの役割と展望』国際書院, 2000年

星野俊也「国際機構：ガヴァナンスのエージェント」渡辺昭夫・土山實男編『グローバル・ガバナンス：政府なき秩序の模索』東京大学出版会, 2001年, 168-191頁

星野俊也「国連とグローバル・ガバナンス」『時の法令』(雅粒社) No. 1786, 2007年

星野俊也「多国間主義とグローバリズムの間で：国連研究の展開と課題」日本国際連合学会編『国連研究の課題と展望』国際書院, 2009年, 55-76頁

三浦聡「国連グローバル・コンパクト：グローバル・ガバナンスの新たなモデル」『ジュリスト』第1254号, 2003年

宮崎繁樹「国際公務員の労働争訟」『法律論叢』(明治大学法律研究所) 第58巻第4-5号, 1986年

宮崎文彦「『新しい公共』における行政の役割：NPMから行政支援へ」『公共研究』(千葉大学) 第5巻第4号, 2009年, 186-244頁

村松岐夫「政治家の主張／官僚制の主張：政策エリート調査から」『中央調査報』第546号, 2003年, 1-6項

山田高敬「『複合的なガバナンス』とグローバルな公共秩序の変容：進化論的コンストラクティビズムの視点から」『国際政治』(日本国際政治学会) 第137号, 2004年, 44-65頁

弓削昭子「国連日本人職員の可能性と課題」国際連合学会編『グローバル・アクターとしての国連事務局』国際書院, 2002年

横田洋三「現代の主権国家と国際機構」『国際問題』(日本国際問題研究所), No. 378, 1991年

横田洋三「グローバル・ガバナンスと今日の国際社会の課題」総合研究開発機構編『グローバル・ガバナンス：新たな脅威と国連・アメリカ』日本経済評論社, 2006年,

1-15頁

横田洋三「グローバル・ガバナンスと日本の役割」総合研究開発機構編『グローバル・ガバナンス：新たな脅威と国連・アメリカ』日本経済評論社，2006年，328-334頁

渡辺昭夫「日本の対外政策形成の機構と過程」細谷千博・綿貫譲治編『対外政策決定過程の日米比較』東京大学出版会，1977年，23-58頁

渡辺昭一「戦後アジア国際秩序再編とコロンボ・プランの指針：1950年第2回コモンウェルス諮問会議報告書分析」『歴史と文化』（東北学院大学学術研究会）第46号，2010年

渡部茂己「国際機構システムによるグローバルな秩序形成過程の民主化：グローバル・ガバナンスの民主化の一位相」『国際政治』（日本国際政治学会）第137号，2004年，66-82頁

外国語文献

M. Abélès, *Politique de la survie*, Paris, Flammarion, 2006. (English translation by Julie Kleinman, *Politics of Survival*, Durham, Duke University Press, 2010)

M. Abélès, *Des anthropologues à l'OMC: Scènes de la gouvernance mondiale*, Paris, CNRS Éditions, 2011.

M. Albrow, *Bureaucracy*, London, Pall Mall Press, 1970. (君村昌訳『官僚制』福村出版，1974年)

S. Baud, F. Weber, *Guide de l'enquête de terrain*, Paris, La Decouverte, 2010.

U. Beck, *Was ist Globalisierung?: Irrtumer des Globalismus — Antworten auf Globalisierung*, Frankfurt, Suhrkamp Verlag, 1997. (木前利秋・中村健吾監訳『グローバル化の社会学：グローバリズムの誤謬——グローバル化への応答』国文社，2005年)

U. Beck, *Macht und Gegenmacht im globalen Zeitalter: Neue weltpolitische Ökonomie*, Berlin, Suhrkamp Verlag, 2002. (島村賢一訳『ナショナリズムの超克：グローバル時代の世界政治経済学』NTT出版，2008年)

H. Befu (ed.), *Japan Engaging the World: A century of international encounter*, Denver, The Center for Japan Studies at Teikyo Loretto Heights University, 1996.

H. Befu and S. G. Anguis (eds.), *Globalizing Japan : Ethnography of the Japanese presence in Asia, Europe, and America*, London, Routledge, 2001.

Y. Beigbeder, *Threats to the International Civil Service*, London, Pinter Publishers, 1988.

P. Bourdieu *et al.*, *La misère du monde*, Paris, Seuil, 1993.

P. Bourdieu, *Esquisse pour une auto-analyse*, Paris, Raisons d'agir, 2004. (加藤晴久訳『自己分析』藤原書店, 2011年)

P. Bourdieu, *La noblesse d'État: Grandes écoles et esprit de corps*, Paris, Minuit, 1989. (立花英裕訳『国家貴族：エリート教育と支配階級の再生産』藤原書店, 2012年)

R. Brown, E. Kamenka, M. Krygier and A. E. S .Tay (eds.), *Bureaucracy: The career of a concept*, London, Edward Arnold, 1979.

N. Brunsson, *A World of Standards*, Oxford, Oxford University Press, 2002.

M. Burawoy, *Global Ethnography: Forces, connections, and imaginations in a postmodern world*, Oakland, University of California Press, 2000.

S. Castles and M. J. Miller, *The Age of Migration*, Basingstoke, Palgrave Macmillan, 2009.

J. M. Coicaud and N. J. Wheeler (eds.), *National Interest and International Solidarity: Particular and universal*, United Nations University Press, 2008.

M. K. Connors, R. Davison and J. Dosch, *The New Global Politics of the Asia Pacific*, Oxon, Routledge, 2012.

M. Edwards and J. Gaventa, *Global Citizen Action*, Boulder, Lynne Rienner Publishers, 2001.

R. Cohen, *The New Helots: Migrants in the international division of labour*, Avebury, Oxford Publishing, 1987. (清水和久訳『労働力の国際移動：奴隷化に抵抗する移民労働者』明石書店, 1989年)

R. Cohen, *Global Diaspora*, Seattle, University of Washington Press, 1997. (駒井洋監訳／角谷多佳子訳『グローバル・ディアスポラ』明石書店, 2001年)

B. E. Coffin, *Rethinking International Organization: Deregulation and global governance*, London and New York, Routledge, 2002.

G. Curtis, *The Japanese Way of Politics*, New York, Columbia University Press, 1988. (山岡清二訳『「日本型政治」の本質：自民党支配の民主主義』TBSブリタニカ, 1989年)

G. Curtis, *The Logic of Japanese Politics: Leaders, institutions and the living of change*, New York, Columbia University Press, 2000. (野口やよい訳『永田町政治の興亡』新潮社, 2001年)

R. Emerson *et al.*, *Writing Ethnographic Field Notes*, Chicago, University of Chicago Press, 1995. (佐藤郁哉ほか訳『方法としてのフィールドノート：現地取材から物語作成まで』新曜社, 1998年)

S. M. Finger and J. Mugno, *The Politics of Staffing the United Nations Secretariat*, New York, Ralphe Bunche Institute, 1974.

U. Flick, *Qualitative Forschung*, Hamburg, Rowohlt Taschenbuch Verlag GmnH, 1995.（小田博志・山本則子ほか訳『質的研究入門：〈人間の科学〉のために方法論』春秋社，2002年）

M. Foucault, *Surveiller et punir: Naissance de la prison*, Paris, Gallimard, 1975.（田村俶訳『監獄の誕生：監視と処罰』新潮社，1977年）

A. Giddens, *Runaway World*, London, Profile Books, 1999.（佐和隆光訳『暴走する世界：グローバリゼーションは何をどう変えるのか』ダイヤモンド社，2001年）

W. Genieys, *Sociologie politique des élites*, Paris, Armand Colin, 2011.

U. Hannerz, *Being There. . . and There. . . and There!: Reflections on multi-site ethnography*, London, Sage, 2003.

D. Held, *Democracy and the Global Order: From the modern state to cosmopolitan governance*, Oxford, Polity Press, 1995.（佐々木寛ほか訳『デモクラシーと世界秩序：地球市民の政治学』NTT出版，2002年）

D. Held, A. McGrew, D. Goldblatt and J. Perraton, *Global Transformations*, Stanford, Stanford University Press, 1999.（古城利明ほか訳『グローバル・トランスフォーメーションズ―政治・経済・文化』中央大学出版部，2006年）

D. Held, *A Globalizing World? : Culture, economics, politics*, London, Routledge, 2000.（中谷義和監訳『グローバル化とは何か』法律文化社，2002年）

R. Henri and M. Sidney, *International Personnel Policies and Practices*, New York, Preager, 1985.

M. Herzfeld, *The Social Production of Indifference: Exploring the symbolic roots of western bureaucracy*, Chicago, The University of Chicago Press, 1992.

G. D. Hook and H. Dobson（eds.）, *Global Governance and Japan: The institutional architecture*, Oxon, Routledge, 2007.

R. Iredale, C. Hawksley and S. Castles, *Migration in the Asia Pacific: Population, settlement and citizenship issues*, Cheltenham, Edward Elgar, 2003.

A. Irie, *Global Community: The role of international organizations in the making of the contemporary world*, Oaklamd, University of California Press, 2002.（篠原初枝訳『グローバル・コミュニティ：国際機関・NGOがつくる世界』早稲田大学出版部，2006年）

N. Laurie, L. Bondi（eds.）, *Working Spaces of Neoliberalism: Activism, professionnalisation and incorporation*, Hoboken, Blackwell, 2006.

R. K. Merton, *Social Theory and Social Structure*, New York, The Free Press, 1957. (森東吾・森好夫・金沢実・中島竜太郎訳『社会理論と社会構造』みすず書房, 1961年)

V. M. Mettati, *Recrutement et carrière des fonctionnaires internationaux*, Paris, R. C. A. D. I., 1987, pp. 252-362.

C. W. Mills, *The Power Elite*, Oxford, Oxford University Press, 1956. (鵜飼信成・綿貫譲治訳『パワーエリート』東京大学出版会, 1958年)

J. Mimura, *Planning for Empire: Reform bureaucrats and the Japanese wartime state*, New York, Cornell University Press, 2011.

J. S. Nye Jr. and J. D. Donahue (eds.), *Governance in a Globalizing World*, Washington, D. C., Brookings Institution Press, 2000. (嶋本恵美訳『グローバル化で世界はどう変わるか』英治出版, 2004年)

J. S. Nye, Jr., *The Future of Power*, New York, Public Affairs Publishing, 2011. (山岡洋一・藤島京子訳『スマート・パワー：21世紀を支配する新しい力』日本経済新聞社, 2011年)

S. P. Osborne (ed.), *The New Public Governance?: Emarging perspectives on the theory and practice of public governance*, Oxton and New York, Routledge, 2007.

D. Osborn and T. Gaebler, *Reinventing Government: How the entrepreneurial spirit is transforming the public sector*, Boston, Addison-Wesley Publishing, 1992. (野村隆・高地高司訳『行政革命』日本能率協会マネジメントセンター, 1995年)

A. J. Paolini, A. P. Jarvis and C. Reus-Smit (eds.), *Between Sovereignty and Global Governance: The United Nations, the state and civil society*, London, Macmillan, 1998.

D. W. Plath, *Long Engagement: Maturity in modern Japan*, Stanford, Stanford University Press, 1980. (井上俊・杉野目康子訳『日本人の生き方』岩波書店, 1985年)

I. Ramonet, R. Chao and J. Wozniak, *Abécédaire partiel et partial de la mondialisation*, Paris, Plon, 2003. (杉村昌昭・村澤真保呂・信友建志訳『グローバリゼーション・新自由主義批判事典』作品社, 2006年)

J. N. Rosenau and E. O. Czempiel (eds.), *Governance without Government: Order and change in world politics*, Cambridge, Cambridge University Press, 1992.

J. N. Rosenau and J .P. Singh (eds.), *Information Technologies and Global Politics: The changing scope of power and governance*, New York, State University of New York Press, 2002.

J. N. Rosenau, *Globalization and Governance*, London, Oxton, 2006.

J. W. Salacuse, *Making Global Deals: Negotiating in the international marketplace*, Boston, Houghton Mifflin, 1991.（則定隆男ほか訳『実践グローバル交渉：国際取引交渉における障壁とその対策』中央経済社，1996年）

J. Salt, *International Movements of the Highly Skilled*, International Migration Unit Occasional Paper No. 3. Paris, OECD, 1997.

S. Sassen, *Losing Control? Sovereignty in an Age of Globalization*, New York, Columbia University Press, 1996.（伊豫谷登士翁訳『グローバリゼーションの時代：国家主権のゆくえ』平凡社，1999年）

S. Sassen, *A Sociology of Globalization*, New York, Norton, 2007.

S. Sassen, *Globalization and Its Discontent*s, New York, The New Press, 1998.（田淵太一・原田太津男・尹春志訳『グローバル空間の政治経済学：都市・移民・情報化』岩波書店，2004年）

R. Sennett, *The Corrosion of Character: The personal consequences of work in the new capitalism*, New York, Norton, 1998.（斉藤秀正訳『それでも新資本主義についていくか』ダイヤモンド社，1999年）

R. Sennett, *The Culture of the New Capitalism*, New Heaven, Yale University Press, 2006.（森田典正訳『不安な経済／漂流する個人：新しい資本主義の労働・消費文化』大月書店，2008年）

M. A. B. Siddique (ed.), *International Migration into the Twenty-First Century: Essays in honor of reginald appleyard*, Boston, Edward Elgar, 2001.

Y. Soysal, *Limits of Citizenship: Migrants and postnational members in Europe*, Chicago, University of Chicago Press, 1994.

M. B. Steger, *Globalization: A very short introduction*, New York, Oxford University Press, 2003.（櫻井公人・櫻井純理・高島正晴訳『グローバリゼーション』岩波書店，2005年）

A. Styhre, *The Innovative Bureaucracy: Bureaucracy in the age of fluidity*, London, Routledge, 2007.

J. Urry, *Sociology Beyond Societies: Mobilities for the Twenty-First Century*, London, Routledge, 2000.（吉原直樹・武田篤志訳『社会を越える社会学：移動・環境・シチズンシップ』法政大学出版局，2006年）

A. C. Wagner, *Les nouvelles élites de la mondialisation: Une immigration dorée en France*, Paris, Presses Universitaires de France, 1998.

L. Waquant (ed.), *Pierre Bourdieu and Democratic Politics: The mystery of ministry*, Cambridge, Polity Press, 2005.（水島和則訳『国家の神秘：ブルデューと民主

主義の政治』藤原書店,2009年)

M. Weber, *Bürokratie* (Grundriß der Sozialökonomik, Ⅲ. Abteilung, Wirtschaft und Gesellschaft, Verlag von J. C. B. Mohr [Paul Siebeck]), Tübingen, 1921-1922, Dritter Teil, Kap. Ⅵ, pp. 650-678. (阿閉吉男・脇圭平訳『官僚制』恒星社厚生閣, 1987年)

M. Weber, *Wirtschaft und Gesellschaft*, Grundriss des verstehenden Soziologie, vierte, neu herausgegebene Auflage, besorgt von Johannes Winckelmann, 1956, Kapitel Ⅲ, Ⅳ, Ⅸ. (世良晃志郎訳『支配の諸類型』,『支配の社会学Ⅰ』創文社, 1960年)

M. Weber, *Politik als Beruf*, in Gesammelte Politische Schriften, Dritte erneut vermehrte Auflage (hrsg. Von Johannes Winckelmann), Tübingen 1971. (脇圭平訳『職業としての政治』岩波文庫, 1980年)

M. Weber, Die *Typen der Herrschaft*, in Wirtschaft und Gesellschaft, Tübingen, 1921-1922. (濱島朗訳『権力と支配』みすず書房, 1954年)

J. Q. Wilson, *Bureaucracy: What government agencies do and why they do it*, New York, Basic Books, 1989.

外国語論文

H. Befu and N. Stalker, Globalization of Japan: Cosmopolitanization or spread of the Japanese village?, in *Japan Engaging the World: A century of international encounter*, ed. by H. Befu, The Center for Japan Studies at Teikyo Loretto Heights University, 1996.

R. Falk, The Outlook for UN Reform: Necessary, but impossible, in *Between Sovereignty and Global Governance: The United Nations, the state and civil society*, eds. by A. J. Paolini, A. P. Jarvis and C. Reus-Smit, Macmillan Press, 1998.

L. R. Geri, New Public Management and the Reform of International Organizations, *International Review of Administrative Sciences*, Vol. 67, 2001, pp. 445-460.

L. Gherardi, Population Mobile dans les Grandes Entreprises: Compétences acquises et coûts humains, *Revue européenne des migrations internationales*, Vol. 24, No. 3, 2008.

A. Gonon and E. Gonon, From the Assurance of Fundamental Rights to the Main Goal behind a Strategy of Good Governance: The shift in meaning of "Human Security",『同志社グローバル・スタディーズ』第2号, 同志社大学グローバル・スタディーズ研究科, 2012年, 3-22頁.

C. Hua, La Chine, un éléphant tranquille sur la scène des echanges internationaux,

in *Des anthropologues à l'OMC*, ed. by Marc Abélès, CNRS Edition, 2011.
N. Maggi-Germain, Les Fonctionnaires Communautaires et l'Intérêt General Communautaire, *Etudes Européennes*, Revue en ligne (http://www.renouveau-democratie.eu/archives/fr/documents/conferences/fonction_publique_europeenne/080604/050405_maggi_germain_article.pdf).
C. Hood, A Public Management for All Seasons?, *Public Administration*, 69 (1), 1991, pp. 3-19.
B. McSweeney, Are We Living in a Post-bureaucratic Epoch?, *Journal of Organizational Change Management*, Vol. 19: 1, 2006, pp. 22-37.
B. S. Silberman, Criteria for Recruitment and Success in the Japanese Bureaucracy, 1868-1900: "Traditional" and "Modern" criteria in bureaucracy development, *Economic Development and Cultural Change*, Vol. 14, No 2, Chicago, The University of Chicago Press, 1966, pp. 158-173.
S. Tarrow, Transnational Politics: Contention and institutions in international politics, *Annual Review of Political Science*, No. 4, 2001, pp. 1-20.
B. Turner, The Two Faces of Sociology: Global or national?, *Theory Culture and Society*, No. 7, 1990, pp. 343-358.
T. G. Weiss, International Bureaucracy: The myth and reality of international civil service, *International Affairs*, Spring 1982, pp. 287-306.

議事録・報告書等資料
外務省国際協力局多国間協力課「人間の安全保障基金:21世紀を人間中心の世紀とするために」2007年3月
外務省「平成23年度予算(政府案)&平成22年度補正予算　外務省所管　一般会家予算」2011年1月
前川美湖「国連マネジメント改革:Delivering as One イニシアティブの分析・評価と国連機関の援助効果を高める上での課題」外務省研究会報告（www.mofa.go.jp/mofaj/gaiko/jp-un/pdfs/2012.itaku.120525.pdf）
International Civil Service Commission Statute and Rules of Procedure: ICSC/1/Rev.1
Joint Inspection Unit, Staff Mobility in the United Nations, 2006. (JIU/REP/2006/7)
Organization for Economic Cooperation and Development, Trends in international migration. Paris, SOPEMI, OECD, 2000.
The Four Nations Initiative on Governance and Management of the UN, *Towards a*

Compact: Proposals for improved governance and management of United Nations secretariat, Stockholm, the Four Nations Initiative, 2007.

The Commission on Global Governance, *Our Global Neighborhood*, 1995. (京都フォーラム監訳『地球リーダーシップ：新しい世界秩序をめざして』日本放送出版協会, 1995年)

United Nations, In Larger Freedom: Towards development, security and human rights for all, Report of the Secretary-General, 2005. (A/59/2005)

United Nations, Investing in the United Nations: For a stronger Organization worldwide, Report of the Secretary General, 2007. (A/60/692)

United Nations, The Secretary General's Five-Year Action Agenda, 2012 (http://www.un.org/sg/priorities/sg_agenda_2012.pdf).

United Nations, Strengthening of the United Nations: An agenda for further change, Report of the Secretary-General, 2002 (A/57/387)

United Nations, Renewing the United Nations: A programme for reform, report of the Secretary-General, 1997. (A/51/950)

United Nations Development Program, *Human Development Report: Cultural liberty in today's diverse world*, 2004: http://hdr.undp.org/en/media/hdr04_complete.pdf

United Nations Development Program, *Human Development Report: Deepening democracy in a fragmented world*, Oxford University Press, 2002. (横田洋三・秋月弘子監修『人間開発報告書：ガバナンスと人間開発』古今書院, 2002年)

United Nations General Assembly. (A/65/350, A/69/292)

United Nations General Assembly, We the Peoples: Civil society, the United Nations and global governance, Report of the Panel of Eminent Persons on United Nations-Civil Society Relations. (A/59/354, 13)

United Nations Staff Rules. (ST/SGB/2009/7)

U.S. Government Accountability Office, United Nations: Weakness in internal oversight and procurement could affect the effective implementation of the planned renovation, 2006. (GAO/06/877T)

The World Bank, Sub-Saharan Africa: From crisis to sustainable, 1989.

URL

外務省「外交青書」(http://www.mofa.go.jp/mofaj/gaiko/bluebook/index.html)

外務省「ODA白書」(http://www.mofa.go.jp/mofaj/gaiko/oda/shiryo/hakusyo/11_hakusho_pdf/pdfs/11_hakusho_0401.pdf)

外務省「2010 – 12年国連通常予算分担率・分担金」2012年1月時点のもの（http://www.mofa.go.jp/mofaj/gaiko/jp_un/yosan.html）
国連広報センター（http://unic.or.jp/information/understanding_the_UN/）
人事院「年次報告書」（http://www.jinji.go.jp/hakusho）
外務省国際機関人事センター（http://www.mofa-irc.go.jp/）

あとがき

　本書は，2012年12月に同志社大学に提出され，口頭試問を経て2013年3月に博士の学位を授与された博士論文「ガバナンス時代の日本人国際公務員の職業観」が基になっている。ただし多くの部分は大幅な加筆・修正を施している。また出版に至るまで多大な時間を費やしてしまい，データが古くなっていることをお断りしたい。指導教官のアンヌ・ゴノン先生，審査をしていただいた中川清先生，今里滋先生に心より感謝申し上げたい。アンヌ先生には本書出版にあたっても多大なる御助力をいただいていると同時に，ご教示を賜り，この場を借りて改めて感謝の意を表する。

　また本書を執筆する上でご多忙の中長い時間を割いてインタビューに協力してくださった国連職員の皆様に深く感謝を申し上げる。仕事場であるオフィスやカフェ，時にはレストランやご自宅で長時間にわたり仕事のことから個人的なことに至るまで話をしていただいた。時に不躾な質問や配慮の至らない点があったにもかかわらず，それでもインタビューに応じてくださったりご指摘をいただいたりした。感謝してもしきれない思いである。

　調査の間に出会ったパリやジュネーブで研究を進めている友人たち，京都で論文の執筆過程で議論をし，アイディアをいただいたゼミの仲間や同僚，友人たちとの時間は大変貴重なものであり，現在も様々な場所で出会えていることは幸せなことである。改めてお礼を申し上げる。

　そして筆者の挑戦に理解を示し，長い学生生活を惜しみなく支え，配慮してくれた父と今は亡き母に本書を捧げたい。

　国境を越えて移動する労働者をめぐっては，長きにわたり幅広い分野での研究蓄積がある。昨今のヨーロッパへ向かう移民をはじめ，家事労働や介護の現場で働く外国人女性などをめぐる問題について国内・国外を問わずますます議論は活発になっている。また雇用のあり方についても，非正規雇用の増加が問われるようになって久しい。本書はガバナンスという労働者の統治を含む組織運営のあり方の変化について，公的機関である国連機関で働く日本人職員の声

に耳を傾けることから検討を試みた。インタビューで引き出された職員の苦痛をより文章に表したかったが，筆者の力不足のため，どこまで実現できたか定かでない。文中の不明瞭な点や誤りは全て筆者の責任である。

　最後に，筆者にとって初めてとなる本書の出版にあたり，萌書房の白石徳浩氏に多大なる御助力と励ましをいただいた。なかなか進まない原稿を完成させることができたのは氏のおかげであり，深く感謝申し上げる。

　2017年3月　トゥールーズにて

皆川　萌子

■著者略歴

皆川 萌子（みながわ　もえこ）
2013年同志社大学総合政策科学研究科博士課程修了。同大学助手を経て，現在フランスのトゥールーズ・ジャン・ジョレス大学日本学部で講師を務める。関心分野は国際機構論のほかにヒューマン・セキュリティ（子どもの健康教育，食の安全）など。

主要業績

「海外における一時滞在者たちのコミュニティ：上海の日本人を事例に」『研究報告』第19号，旅の文化研究所，2010年，37-50頁。

「国連人事制度への日本政府によるはたらきかけ」『同志社政策科学研究』第14巻(2)，2013年，147-160頁。

ガバナンス時代の国連改革と国際公務員

2017年5月20日　初版第1刷発行

著　者　　皆川　萌子
発行者　　白石　徳浩
発行所　　有限会社萌書房（きざす）
　　　　　〒630-1242　奈良市大柳生町3619-1
　　　　　TEL (0742) 93-2234 / FAX 93-2235
　　　　　[URL] http://www.3.kcn.ne.jp/~kizasu-s
　　　　　振替　00940-7-53629

印刷・製本　共同印刷工業・藤沢製本

Ⓒ Moeko MINAGAWA, 2017　　　　　Printed in Japan

ISBN978-4-86065-108-4